Moliendo café

Eduardo Lantigua

Moliendo café

ENSAYOS

MEDIAISLA
Luces y asombros
Kingwood, TX 2013

http://mediaisla.net

Primera Edición: octubre de 2016

ISBN: 978-1-365-45081-5

Publicado por: *mediaisla editores, ltd/lulu.com*
Correo electrónico mediaisla@gmail.com

Pintura de portada: © JIMMY VALDEZ-OSAKU
(*El ojo y el elefante* – Oil on canvas)
Diseño de portada: © JULISSA IVOR MEDINA
Concepto y diseño de interior: MEDIAISLA EDITORES, LTD

A BLANCA
Por su praxis filosófica e inteligencia,
el humor e ironía popular.
Por el supremo esfuerzo y agudeza
con que analizaba los eventos criminales
del "viejito de los lentes", como decía.

*Los límites de mi lenguaje
significan los límites de mi mundo.*
LUDWIG WITTGENSTEIN

Contenido

¿Crítica o divagaciones filosóficas y abstractas?

Es maravillosa la cantidad de aproximaciones a textos literarios encontrada en revistas especializadas y de trabajos críticos en que, de manera inevitable y frustratoria, tenemos que bucear sin resultados en un pantano de divagaciones filosóficas y abstractas que nada iluminan sobre los genuinos valores del texto como expresión estética ni de su campo de exploraciones sobre la condición humana, claro, aunque muy rica en anécdotas y festejos a la amistad que van y vienen con equidad.

Estos trabajos, con cierta normalidad, son expresiones de extrema subjetividad que en nada participan en el objeto literario de una búsqueda en función de un contexto conceptual o cuerpo de hipótesis que den paso al sostenimiento de alguna tesis original, sea esta fallida o no, pero que plantee una visión honesta más allá del cariño y admiración u odio y rechazo que sintamos por el autor, al poner de manifiesto nuestras aseveraciones. Es posible que sea mucho más saludable, al elaborar estas aproximaciones, hacer una reorientación —a riesgo de enemistades, por supuesto—, aportando alguna proposición mantenida con razonamiento en la configuración del texto y sostenida en la historia, la objetiva interpretación del discurso narrativo y signo lingüístico-textual del objeto de estudio; de modo que se pueda ser capaz de colocar al texto en relación con las leyes fundamentales de la literatura y, al mismo tiempo, en contacto con un desmontaje de las leyes internas del texto en su nivel estético.

Porque estas visiones, por muy transparentes u oscuras que parezcan, más allá de sus adjetivos, muy rara vez están sostenidas en «un examen de la literatura en términos de un marco conceptual que pueda derivar de un reconocimiento inductivo del campo literario»[1]. Y es que muchas veces estas aproximaciones no implican una actividad dirigida a desnudar y exponer de manifiesto la estructura que gobierna el discurso narrativo o poético y sus valores de significados cuyo centro gire en torno a un postulado de tesis. Estudiar el objeto literario en busca de claves que permitan visualizar la sumatoria de temas y emociones que se desplazan por la matriz del texto y puedan poner a flote la organización de los recursos expresivos y sus significados; si es el caso de la narrativa, en el plano del lenguaje: como fuente de los recursos expresivos del estilo o la escritura; en el nivel de la técnica: el orden narrativo u organización de los materiales[2], los medios a través de los cuales el escritor estructura y expone su material narrativo. «Los testimonios o campos de experiencia más profundos, complejos y refinados sobre la naturaleza y el comportamiento individual y colectivo del ser humano. Puesto que no sólo refiere aspectos del comportamiento y la experiencia de los hombres a través de unos seres de ficción (…), sino que, al mismo tiempo, ilustra sobre modos de la actividad imaginativa, sentimental y expresiva de una

---

[1] Frye, Northrop, *Anatomía de la crítica*. Caracas: Monte Ávila Latinoamericana, 1991.

[2] Vargas Llosa, Mario. *Cartas a un joven novelista*. Madrid: Santillana Ediciones Generales, 2012.

especie particularmente sensible de personalidades que son los escritores (18)»[3]; su angustia, su miedo, su violencia y su nostalgia, su dimensión metafísica.

Cualquier expresión en torno a un objeto textual ahora —en este caso de narrativa—, por genial y asombroso que se manifieste, no pasará de ser un documento más si no participa de un desmontaje de dicho objeto de estudio, convertido en análisis con la exploración de un armazón compuesto por la historia de la narrativa, las teorías de la narrativa, las técnicas narrativas y las diferentes teorías críticas y culturales, que no vienen a ser más que las herramientas intelectuales de aproximación; y que como herramientas, se usarán de acuerdo con las necesidades sugeridas por la tesis de lectura del texto, es decir, que no se va con ellas hacia el objeto, sino que se viene desde él hacia ellas. Esto porque «la crítica literaria es el nombre bajo el que se entiende más comúnmente la práctica del estudio técnico de la Literatura. Como disciplina de estudio y de trabajo científico se ocupa de los conceptos y métodos con los que se examinan las obras de creación artística y los acontecimientos literarios (…) la reflexión y el desmenuzamiento analítico de los objetos estéticos con gran capacidad de sugerencia sentimental que son las obras literarias (17)»[4]. Por supuesto, teniendo la constante consideración de que estas aproximaciones actúen como «una actividad con dos vertientes, conocimiento y juicio»[5] (107), donde, afirma el propio Todorov, citando a Frye, «en el trabajo del conocimiento el contexto de la obra literaria es la literatura, en el juicio de valor ese contexto es la experiencia del lector».

---

[3] García Berrio, Antonio-Hernández Fernández, Teresa. *Crítica Literaria*. Madrid: Ediciones Cátedra, 2004. p18.

[4] García Berrio. Op. Cit.

[5] Todorov, Tzvetan. *Crítica de la crítica*. Barcelona: Ediciones Paidós Ibérica, 2005.

Creemos que la actividad de interpretación del texto literario se aleja de su naturaleza crítica al estar fundamentada en especulaciones filosóficas y abstractas, y, que por tanto, ésta debe aparecer como una vivisección de la obra como objeto primordial donde aparezca expuesto con cierta claridad, partiendo de qué es un texto literario y de cómo podemos saberlo, el valor o valores estéticos a través de una tesis original y demostrada a todo lo largo del discurso crítico, siempre apoyándose en el texto mismo.

En nuestra aproximación a este ejercicio de la crítica literaria pretendemos mantener, conjuntamente con estos principios teóricos sobre la visión crítica, una exploración del objeto textual en procura de visualizar coincidencias con teorías o tesis sobre el cuento (Ricardo Piglia, Juan Bosch y otros), intertextualidades, etc. Visualizar una tesis en el plano estructural del discurso o la historia, una tesis en torno al núcleo temático, una tesis en torno al juego estético, juegos y combinaciones con estos niveles, y, por supuesto, para cada tesis desarrollar el discurso que la sostenga y verifique, asumiendo esta interpretación como un proceso creador recurriendo a las herramientas intelectuales citadas más arriba para presentar, según sea nuestra interpretación, los valores del texto objeto de estudio desmontando el estilo o escritura, orden narrativo u organización de los materiales, sus cadenas de eventos, símbolos y matrices estéticas.

Moliendo café

Una posible lectura del cuento *La espera*, de Hilma Contreras

*Cualquier reclamo de ofrecer una lectura
definitiva sería inútil. Los significados
dentro de un trabajo literario no son
fijos, son cambiantes, multifacéticos y ambiguos*
PETER BARRY

La espera o la estructura dramática como valor estético-narrativo

La aproximación a un texto literario implica la inevitable inmersión en una estructura donde se torna urgente, como juego de lectura, la decodificación de las leyes de otro juego de la imaginación, muy particular, que se desplaza a lo largo de todo el discurso y que viene a certificar la presencia de una visión estético-creativa. Lo consideramos así porque comprendemos que la operación simbólica que implica la transfiguración de exploraciones temáticas de la condición humana en una configuración significativa del lenguaje, provengan estas de experiencias personales, colectivas o intelectuales, participa de una naturaleza que subyace en el juego de la creación y que obedece a su vez, puedan o no certificarse sus aciertos, a una matriz estética de una sensibilidad muy personal.

Una lectura, tanto en el nivel horizontal como vertical, de la estructura del discurso narrativo de *La espera*[6], texto de *Hilma Contreras*, cuya cadena de eventos que forma la historia nos narra la noche en que una mujer penetra a la habitación de una joven y trata de seducirla sin éxito, nos sumerge de manera precisa en un tejido de hilos narrativos donde la funcionalidad de algunos de

---

[6] Contreras, Hilma. *Entre dos silencios.* Santo Domingo: Editora de Colores, 2002

los elementos o recursos expresivos fundamentales de la narrativa dramática se pone de manifiesto inmediatamente como soporte a un juego estético. Estos elementos entrelazan motivos y expresividad, constituyéndose en una unidad orgánica de la imaginación, sostenida en un juego que luce sus propias leyes y que aglutina sus símbolos y claves en torno a una trama: El núcleo temático de los eventos genera, en el personaje central, un conflicto o dilema ético que se define en una lucha dramática en término de la historia; y, que muy acertadamente por la autora del texto, nos es presentada en el discurso narrativo a través de una larga escena acotada por dos ligeros y casi obligatorios resúmenes.

La solución técnica a la cuestión del modo en que debe presentarse la historia, o dicho de otra manera mucho más explícita, la selección de los recursos expresivos para lograr con certeza la eficiencia de la estructura del discurso narrativo, teniendo en consideración su naturaleza esencial en el conflicto, nos parece de mucha inteligencia por el alto nivel de persuasión que logra en el lector la cadena de eventos que refiere la trama. La apertura es presentada, recurriendo a un punto de vista de tercera persona narrativa omnisciente, a través de un resumen. Y por supuesto, éste resumen está constituido en una exposición panorámica con las informaciones fundamentales sobre el personaje y su historia, que ponen en marcha el material narrativo, donde el uso de un lenguaje cargadamente lírico y el recurso expresivo de la penetración a los sentimientos de los caracteres, nos sitúa al personaje central en la cama al momento del descanso nocturno y a la hora en que otros duermen la profundidad de su primer sueño, en un instante de íntima reflexión, «sin interferencias de ninguna clase», a «da hora en que se reintegraba»:

> Estaba sumergida en el silencio como en un baño de
> frescura sin límites. Un silencio viviente de pensamiento
> fecundo que se escucha a sí mismo cuando los demás se
> han marchado al fondo del primer sueño. (39)

Como es de naturaleza estructural en un resumen narrativo dramático en panorámica, el narrador nos sitúa la escena ambientándonos la historia en sus eventos antecedentes y causales, describiéndonos el espacio, el tiempo y a los personajes en sus circunstancias antes o en centro del conflicto o dilema, muchas veces con agudas penetraciones a los pensamientos o sentimientos y análisis o comentarios[7]. En este caso, a través de agudas penetraciones a los pensamientos y sentimientos, la recurrencia a partículas narrativas de valores semánticos que de algún modo nos invocan o asocian lo sensual, o motivos que vienen a reforzar el tema, el discurso narrativo nos plantea el tono:

> Ya se había extinguido el susurro del joven matrimonio vecino y el jadeante e invariable quejido de la mujer (…) correrías nocturnas (…) sobre el cuerpo de Josefina aleteaba el silencio más refrescante. (39)

Y es con la introducción de un segundo personaje, Lucía (inicialmente presentada por la voz narrativa como «alguien», «la mujer» «la otra» que «tenía formas hombrunas, casi corpulentas» y que exhalaba «aliento de tabaco»), como nos sumerge directamente en el conflicto que se genera, o el dilema ético que se desencadena en Josefina, con el inicio de los eventos que inmediatamente pasarán a mostrarse, sin ningún elemento de transición, en una larga y descriptiva escena:

---

[7] Sauvage, Jacques. *Introducción al estudio de la novela.* Barcelona: Laia, 1982

Casi sonreía de felicidad cuando su fino oído percibió el movimiento de la puerta de su habitación (…) La rabia le golpeó las venas y tuvo que hacer un esfuerzo sobrehumano para no abrir los ojos y de un salto abofetear aquel rostro, cuyo aliento ya sentía junto a su cama. (39-40).

La espera, entonces, se mueve rápidamente a dramatizar los eventos de la historia en su verdadero encadenamiento de causas y efectos, mostrándonos en primer plano la escena del conflicto generado entre las dos mujeres por la iniciativa amorosa de Lucía, y, conjuntamente, el dilema ético que dichas acciones plantean a Josefina (cuya solución o alternativa asumida por ella podrían algunos interpretar, posiblemente sin felices consistencias, como producto de conducta y de visiones morales, de tabúes), estimulando nuestra imaginación como lectores de manera que podamos participar de la sigilosa efervescencia del drama. Este conflicto o dilema en Josefina se constituye en nudo central que abarca todo el interés en la matriz estética del discurso narrativo, construyendo la emoción y el tono de la historia, y haciéndose en parte sutilmente responsable de toda la tensión que subyace en la estructura de la narración. Y éste conflicto o dilema, siguiendo una lógica natural a la trama del texto y a la organización del discurso en la historia, genera la lucha que inevitablemente va revelando en sus motivaciones tanto a Lucía como a Josefina:

Al sentir los labios carnosos sobre su vientre tuvo un acceso de ira. Con sus dedos furiosos tirando de los cabellos de Lucía para desprendérsela de encima, dijo amenazante:
—Si no te largas ahora mismo, grito. ¿Me oyes? (40)

De inmediato, la estructura dramática de *La espera* se desliza, sin ningún elemento de transición, dentro del último resumen que cierra el discurso narrativo y con ello la cadena de eventos que presenta la historia. En la presentación de este resumen final, valiéndose la autora del recurso técnico y expresivo del análisis de sentimientos, se nos muestra a una Lucía frustrada, privada de sus intenciones, posiblemente sólo fundamentadas y legítimas en el derecho inalienable que tiene todo ser humano de seleccionar sexualmente a su pareja:

> Masculló unas cuantas groserías más antes de escurrirse malhumorada fuera de la habitación. (42)

Finalmente, drenando con maestría y economía del lenguaje toda la tensión acumulada en la extensa escena, después de la enérgica y silenciosa lucha entre las dos mujeres, y, por medio de un recurso expresivo de reducción del ritmo e introduciendo algunos eventos aleatorios, se nos presenta, recurriendo a eficientes y claves unidades narrativas que vienen a despejar el sentido oculto de la historia, pero maravillosamente abriendo otras posibilidades, a una Josefina realizando sugerentes acciones en procura de disipar su dilema ético, misteriosa y paradójicamente transparente frente al espejo, después de un baño que la purifica y limpia de lo nauseabundo, certificando su fidelidad con esta promesa:

> Al cabo de unos segundos de contemplación, sonrió jubilosamente a la turgente juventud de su pecho reflejado en el espejo mientras decía:
> —Te los guardaré puros, Amor, aunque sólo nos encontremos en un mundo mejor. (p.42)

La historia latente como generadora de tensión o centro de interés

El cuento es un relato que encierra un relato secreto (…)
La historia secreta se construye con lo no dicho, con el

> Josefina se revolvió en la cama. Todo aquello era nauseabundo. Al sentir los labios carnosos sobre su vientre tuvo un acceso de ira. Con sus dedos furiosos tirando de los cabellos de Lucía para desprendérsela de encima… (40).

En este fragmento del texto objeto de estudio que nos ocupa, fundamentalmente, se percibe el núcleo narrativo que fundamenta a *La espera* y que da paso a todo el desarrollo de la historia, la cual podríamos condensar en la siguiente proposición: *Durante la noche, una mujer penetra a la habitación de una joven y trata de seducirla sin éxito.*

Y felizmente, recurriendo a recursos expresivos de la narrativa moderna y propios de su oficio, a un juego de la imaginación sustentado en su estética, Hilma Contreras nos presenta una estructura, donde lógicamente se amplía éste núcleo narrativo, dando lugar a las acciones y motivos que vendrán a constituirse a través de la eficiencia del discurso narrativo en una historia funcional y muy bien organizada; y que por tanto, literariamente, se abre a las posibilidades de infinitas cuestiones, divagaciones e interpretaciones.

Digamos, entonces, que éste núcleo narrativo es desarrollado en función de las acciones de la mujer, Lucía, en su empecinado objetivo de seducción, y las reacciones de la joven, Josefina, en su decidido propósito de evitarlo, o sea en el conflicto, constituyéndose de esta forma la historia narrada en una cadena de hechos verosímiles por la relación de su detallada lógica de causa-efecto organizada en la trama. Y de éste modo, se nos presenta enfáticamente la historia que forman los eventos girando en torno al conflicto planteado entre ambas mujeres por las motivaciones sexuales de Lucía.

Sin embargo, podríamos afirmar sin lugar a dudas que dicho conflicto genera también en la joven Josefina un dilema ético. Y éste dilema ético de Josefina, y la forma de ella enfrentarlo, nos llevaría a plantearnos la siguiente interrogante: *¿Por qué no cede Josefina a la seducción de Lucía?*

Si hurgamos detenidamente en los intersticios narrativos del texto, encontraremos algunas claves, hilos o partículas narrativas («Sin interferencias de ninguna clase. La hora en que se reintegraba (…) Casi sonreía de felicidad (…) ¡Habla!¡Hay un hombre en todo esto (…) Un hombre no es mejor, Josefina, créeme…») cuya función estructural podría fundamentarse en un valor alusivo que inmediatamente nos sitúa al borde de otra historia:

La historia de un amor secreto para el cual la joven Josefina quiere mantenerse pura.

A este nivel, podríamos decir con Ricardo Piglia y su Tesis sobre el cuento, que magistralmente Hilma Contreras, en *La espera*, se centra en narrar «en primer plano» la historia del intento de seducción, en tanto que construye sutilmente la historia del amor secreto de Josefina, dispersando partículas narrativas claves en «los intersticios» de la primera, narrándolo «de un modo elíptico y fragmentado».

Y es precisamente la lucha de oposición entre estas dos historias, la del primer plano y la latente, como fuerzas opuestas, la que genera toda la tensión que se convierte en punto de interés centrado en el conflicto. Esta tensión, apoyada en el dramatismo sintetizado en la silenciosa lucha entre Lucía y Josefina, y que por supuesto, está reforzada por la percepción sutilmente narrada de este amor secreto de la historia latente, disperso a todo lo largo de los intersticios de la historia del primer plano y en la estructura del discurso narrativo.

La doble posibilidad del juego moral o el amor impone su ética

Es fácilmente visible que el núcleo temático de *La espera* lo constituye uno de los temas que más ha preocupado al ser humano de todos los tiempos: El amor. Sin embargo, la línea argumental del texto nos refiere una historia cuyos tejidos nos introducen en una variante, que, basándose en ciertos prejuicios o actitudes sociales, generaba y sigue generando en algunas personas, prácticamente una mirada de prohibición: La posibilidad de una relación amorosa entre dos mujeres. Y esto revela sin lugar a dudas, la valentía de Hilma Contreras, fiel a su condición existencial como escritora, al tocar en su tiempo lo que podría llamarse, en su variante amorosa, un tema tabú.

En todo el desplazamiento narrativo de la historia referida, estos prejuicios o actitudes sociales, emergen visiblemente representados a través de los diálogos y actitudes o acciones de los personajes, transfiguraciones de la existencia, o sea de la realidad, o como diría Milan Kundera[8], en las posibilidades de los egos experimentales:

> Se van a dar cuenta, ¡vete! (…) −Baja la voz, te van a oír (…) −Si no te largas ahora mismo grito. ¿Me oyes? (…) −No lo harás…tú le temes demasiado al ridículo para armar un escándalo (…) −Mira lo que has hecho. La vieja María nos ha oído (…) −Si, tonta, me marcho. Yo tampoco quiero escándalo. (40-41)

Si retomamos el dilema ético planteado a la joven por las acciones de la mujer y este juego moral, y revisamos la

---

[8] Kundera, Milan. *El arte de la novela.* Barcelona: Tusquets Editores, 1987.

interrogación sugerida: ¿Por qué no cede Josefina a la seducción de Lucía?; siempre fundamentándonos en una lectura interpretativa de los hilos o unidades narrativas del texto, podrían tentarnos dos alternativas: Por motivo de prejuicios o actitudes sociales, o por motivo de fidelidad a un amor secreto.

Como hemos referido al hablar de «La historia latente como generadora de tensión o centro de interés», pensamos que el motivo en Josefina para reprimirse, o sea, en este caso, para no ceder a las tentativas de Lucía, no lo fue verdaderamente los prejuicios o actitudes sociales, sino una hermosa, y para ella válida razón: Su amor secreto.

Y finalmente, el título del texto, *La espera*, podríamos leerlo como un maravilloso guiño de ojos que muy acertada e inteligentemente, cumple una importante función estructural y narrativa, ambigüedad o aproximación simbólica, pero que feliz satisface nuestra lectura del juego de la ficción; juego que se complace en otro juego hermoso de una estética creativa con leyes propias y fundadas en la condición humana; que se sostiene en la moderna estructura narrativa del proceso creativo de Hilma Contreras. Juego donde la posibilidad de la existencia o ego experimental de los personajes enfrentados a estos eventos específicos, sólo se resuelve con plena satisfacción, en la comprometida y fiel promesa que hace Josefina ante el espejo, sostenida en la espera, la espera de su «Amor», ¿así con mayúscula?, si, así con mayúscula, para definir, precisar, enfatizar o certificar su amoroso compromiso que hace surgir la verdad opaca a la superficie del relato, y que cierra hermosamente la historia:

—Te los guardaré puros, Amor (sic), aunque sólo nos encontremos en un mundo mejor. (42)

Ahora que vuelvo, Ton,
o la mente transparente

La mente transparente

El retorno del personaje-narrador a su pueblo natal, para una visita a la tumba de sus padres en el Día de Finados, y el encuentro casual en un bar con uno de sus amiguitos de infancia, Ton, ahora lustrador de zapatos y quien no logra reconocer a su antiguo compañero tal vez por «aquella apariencia extraña que le daba la pipa apretada entre los dientes», es el detonante en la memoria que pone en marcha el flujo de los eventos de la historia en *Ahora que vuelvo, Ton*[9], de René del Risco Bermúdez.

La trama que organiza los elementos del discurso narrativo de este flujo de eventos en la memoria, se hace transparente a nosotros como lectores a través de la mente del personaje-narrador, quien fundamentalmente ha experimentado los acontecimientos que vienen a constituir la historia a comunicar. A la vez, esta trama, recurriendo con dominio e inteligencia a la estrategia de un recurso expresivo o técnica narrativa, se desplaza del monólogo dramático al monólogo de la memoria.

James Moffett y Kenneth R. McElheny[10] nos enfatizan que en el monólogo dramático:

---

[9] Risco Bermúdez del, René. *Cuentos completos*. Santo Domingo: Ediciones Cielonaranja, 2005.

[10] Moffett, James y R. McElheny, Kenneth. *Points of view, an anthology of short stories*. New York: Penguin Books, 1966.

Escuchamos a alguien que le habla a otra persona; este alguien tiene una razón particular para decir la historia a esa persona, y su discurso, como en una conversación real, es espontáneo. Podemos saber dónde está y a quién le habla por las referencias que hace en su monólogo. (27).

Por otro lado, Dorrit Cohn[11] nos define que el monólogo de la memoria:

Es un monólogo en el cual la mente está en el pasado a tiempo completo. En contraste con otros monólogos autónomos, en el monólogo de la memoria el momento presente de la locución es un momento vacío de toda experiencia contemporaria, simultánea: el monologuista existe simplemente como un médium, una memoria pura sin clara posición en tiempo y espacio. (247).

Sustentada en estos recursos técnicos, dicha trama funda la impresión de verosimilitud con destreza y conciencia de su valor estético verificable en un tono conversacional:

Yo no sé si tú, con esa manera de mirar con un guiño que tenías cuando el sol te molestaba, podrías reconocerme ahora (…) Para esos tiempos el barrio no estaba tan triste Ton, no caía esa luz desteñida y polvorienta sobre las casas ni este deprimente olor a toallas viejas se le pegaba a uno en la piel como un tierno y resignado vaho de miseria. (111-112).

En una transmisión del discurso interior, es decir del pensamiento del personaje-narrador, nosotros escuchamos a alguien que habla como si lo hiciera en voz alta a una segunda persona (esto siempre si consideramos con Gerard Genette[12] y Dorrit Cohn[13] al monólogo interior

---

[11] Cohn, Dorrit. *Transparent Minds*. New Jersey: Princeton University Press, 1978.
[12] Genette, Gerard. *Narrative Discourse an Essay in Method*. New York: Cornell University Press, 1980
[13] Cohn, Dorrit. *Op. Cit.*

como un fenómeno puramente verbal asumiendo una correspondencia total entre pensamiento y lenguaje), que encuentra una razón particular para estructurar y decir su historia, y su discurso, como en una conversación fuera de la ficción, es espontáneo.

En *Ahora que vuelvo, Ton*, nos llegan informaciones del tiempo, espacio, los eventos y de a quién el personaje-narrador le habla a través de referencias hechas en su discurso mental, permitiéndole a este personaje explicarse, revelarse, y hasta delatarse, como en el monólogo dramático. Pero a su vez, en este discurso textual, de igual modo, existe un permanente desplazamiento asociativo con diferentes tiempos en tanto que el personaje-narrador capta lo que sucede en su periferia y recuerda el pasado, y la experiencia simultánea al discurso interior cede completamente a favor de la memoria asociativa, de los recuerdos que surgen de la memoria del personaje-narrador, donde se concentra fundamentalmente en la experiencia de un tiempo pasado:

> Eras realmente pintoresco, Ton; con aquella gorra de los tigres del Licey, que ya no era azul sino berrenda, y el pantalón de kaky que te ponías planchadito los sábados por la tarde para irte a juntarte con nosotros en la glorieta del Parque Salvador (…) Yo no sé si tú (…) podrías reconocerme ahora. Probablemente la pipa apretada entre los dientes me presta una apariencia demasiado extraña a ti. (111).

Esta memoria asociativa del personaje-narrador funciona situada casi totalmente en los eventos ocurridos en tiempo remoto, o sea como en el monólogo de la memoria clasificado en la tipología de Dorrit Cohn:

> Un cruce exacto entre el monólogo autobiográfico y la narrativa de la memoria, combinando la presentación

del monólogo del anterior con la memoria a-cronológica del último (...) La mente que recuerda existe en un tiempo absoluto, con el momento del recuerdo localizado en un tiempo indefinido (y quizás eternamente repetitivo. (183-248).

Con la lectura del resumen panorámico narrativo que abre la historia de Ahora que vuelvo, Ton, nos sumergimos de inmediato en la estrategia escritural de la comunicación de una cadena de eventos configurada en el discurso narrativo en que se ha elegido como sistema de información al lector una especie de simbiosis entre el monólogo dramático y el monólogo de la memoria. O lo que para nosotros sería lo mismo, un sistema narrativo de permanente penetración al pensamiento de un personaje que sitúa los eventos fundamentalmente en el pasado. Que mantiene un flujo de contenidos mentales con desplazamientos alternativos entre la primera y la segunda persona del singular con referencia al personaje central y en el que este uso de los monólogos narrativos como recursos del discurso para presentar la conciencia de los caracteres, es el medio orgánico por medio del cual se capta la realidad narrada que se hace historia y núcleo temático como suma trascendente de sus interrelaciones significativas.

Esta trama estructura todo el discurso narrativo a través del cual vemos la historia de una «pandilla de jovencitos», en los tiempos en que los problemas graves en que se metía un joven consistía en escapar al juego de béisbol o al río, sin permiso de sus padres, tiempos en que el concepto de «pandilla» jamás implicaba drogadictos ni pistoleros o jovencitos matones a sueldo:

> ¿Quién te invitó a la pandilla? (...) Era para morirse de risa, Ton, para enlodarse los zapatos; para empinarse junto al brocal y verse en el espejo negro de pozo (...)

zambullirse en el río y llegar hasta la goleta de tres palos (…) pasábamos el tiempo orinando, charlando, correteando (…) después «mira cómo te has puesto, cualquiera te revienta, perdiste dos botones, tigre, eso eres, un tigre, a este muchacho, Arturo, hay que quemarlo a golpes». (111-113)

Como es propio de estos recursos técnicos a que nos hemos aproximado, la presentación de la historia a través de la conciencia del personaje-narrador, en el texto de René del Risco Bermúdez, el nivel valorativo de las acciones exteriores está por debajo de la importancia que se da a los desplazamientos internos del pensamiento de los caracteres, explorando con suma validez, introspectivamente, la problemática existencial de los personajes quienes experimentan los eventos.

Como lectores cómplices de su pensar, en Ahora que vuelvo, Ton, recibimos con transparencia todo el discurso narrativo que este personaje-narrador dirige mentalmente a otra persona, y que como en una conversación real, es espontáneo y va estructurando paso a paso y de un modo diacrónico una historia específica cuyos eventos nuestro personaje-narrador tiene razones particulares para comunicar a su audiencia y, en la transparencia de su mente, a nosotros como lectores.

A través de este discurso narrativo se provee toda la información de lo acontecido y permite al personaje-narrador explicarse y revelarse a sí mismo. Y es en su discurso, por referencias que presenta en dicho monólogo, donde nosotros podemos determinar la problemática o conflictos estructurales de la historia en que participan los personajes, sus preocupaciones morales y éticas, sus valores de identidad y por supuesto, a quien se dirige, con toda la carga emotiva y desgarramiento melancólico, en su discurso latente:

Yo estudiaba el inglés y me gustaba pronunciar el «*Good Bay...*» de la canción, con ese extraño gesto de la barbilla muy peculiar en las muchachas y muchachos de aquel país. ¿Sabes, Ton, que una vez pensé en ustedes? (...) vi un grupo de muchachos despeinados y sucios que sacaban sardinas de un jarro oxidado y las clavaban a la punta de sus anzuelos, y me quedé mirando un instante aquella pandilla y vi un vivo retrato nuestro en el muelle de Macorís, sólo que nosotros no éramos rubios, ni llevábamos zapatos tenis, ni teníamos caña de pescar, ahí se deshizo mi sueño y seguí mirando los yates en compañía de mi amigo nicaragüense, muy aficionado a los deportes marinos. (115).

Narrar desde la memoria

Todos los eventos que conforman la historia de *Ahora que vuelvo, Ton*, de René del Risco Bermúdez vienen vertiginosamente de la memoria y a través de un retrato mental de la vida de los personajes en el flujo de conciencia del personaje-narrador. Si consideramos como vértice la escena presentada en forma de resumen narrativo de la partida del pueblo para siempre del personaje-narrador y sus padres, podríamos visualizar, en Ahora que vuelvo, Ton, que dos segmentos narrativos estructuran la historia presentada. Entendemos que el primer segmento muestra de un modo transparente la problemática existencial de Ton y el personaje-narrador en su pandilla; en tanto que en el segundo segmento nos presenta al personaje-narrador y su nueva vida a partir de su marcha del pueblo, su nueva pandilla, hasta ya adulto degenerar en el fracaso de su relación familiar:

Claro que ahora no es lo mismo. Los años han pasado. Comenzaron a pasar desde aquel día en que miré las aguas verdosas de la zanja, cuando papá cerró el candado y mamá se quedó mirando la casa por vidrio trasero del carro y yo los saludé a ustedes, a ti, a Fremio, a Juan, a Toñín, que estaba en la esquina, y me quedé recordando esa cara que pusieron todos, un poco de tristeza y de rencor, cuando aquella mañana, (ocho y quince en la radio del carro) nos marchamos definitivamente del barrio y del pueblo. (113)

Todo un flujo de imágenes que ponen al desnudo esferas extremas de la estructura social donde se desplazan los personajes marcados definitivamente por este hábitat; imágenes íntimamente relacionadas y coherentes como estructura narrativa, que vienen desde la memoria y van transmitiéndose desde la mente del personaje-narrador hacia nosotros como lectores. Imágenes que en algún momento se van interpolando con divagaciones casi metafísicas sobre el tiempo y el modo como afecta los recuerdos, poniendo de manifiesto una hermosa carga lírica y emocional:

> Y los años van cayendo con todo su peso sobre los recuerdos, sobre la vida vivida, y el pasado comienza a enterrarse en algún desconocido lugar en una región del corazón y de los sueños en donde permanecerán, intactos tal vez, pero cubiertos por la mugre de los días sepultados bajo los libros leídos, la impresión de otros países, los apretones de manos, las tardes de fútbol, las borracheras, los malentendidos, el amor, las indigestiones, los trabajos. (115)

Hemos subrayado que la trama de todo el discurso narrativo en Ahora que vuelvo, Ton, está fundamentada en dos hilos narrativos que ponen al descubierto dos mundos paralelos, extremadamente opuestos, donde se pueden visualizar las diferencias que definitivamente vienen a marcar a los personajes que experimentan los eventos allí presentados. Finalmente, haciéndonos recordar que muchas veces el tema de una historia está implícito, es decir, el lector tiene que trabajar para deducirlo, todo el tejido narrativo del texto, bajo una sutileza impecable, captando la realidad a través de los personajes como medios orgánicos, haciendo de éste modo la personificación temática y suma trascendente de sus interrelaciones significativas:

> Siempre asumieron tus ojos esa vaguedad triste e ingenua cuando algo te hacía ver que el mundo tenía otras dimensiones que tú, durmiendo entre sacos de carbón y naranjas podridas, no alcanzarías a conocer más que en las palabras de Juan, o en las películas de la guagüita Bayer o en las láminas deportivas de Carteles. (116)

Nos va desvelando el verdadero núcleo temático de la historia presentada, como una revelación:

> Ton, creo que me iré esta noche y por eso también no sé si decirte ahora quién soy y contarte todo esto, o simplemente dejar que termines de lustrarme los zapatos y marcharme para siempre. (119)

Hasta hacernos ver, a través de una lírica cruda y desgarradora, recurriendo a la transparencia de desplazamientos en su mente, en su memoria, la esencia de la historia, parafraseando a José Prats Sariol[14], una sociedad donde el desarrollo de los niños depende de las posiciones alcanzadas por sus padres.

---

[14] Prats Sariol, José. *Nuevos Críticos Cubanos.* La Habana: Editorial Letras Cubanas, 1983.

Juan Bosch
y su teoría del cuento

Teoría y procedimiento creativo en Juan Bosch

Juan Bosch, luego de varios años dedicado a la creación artística del cuento y de haber publicado ya varios textos narrativos, con suficiente propiedad y dominio de la técnica en dicho arte, inició lo que muy bien puede llamarse la sistematización de un cuerpo teórico donde viene a plantearnos su concepción y a precisar las características generales y de su técnica de abordaje del género. En ese sentido, a través de su trayectoria tanto en el exilio como en su país, dio un sinnúmero de conferencias y cursos y publicó artículos que vienen a dar cuenta de este ejercicio, fundamentándose siempre, —afirmamos nosotros—, en lo que podemos llamar su procedimiento creativo, es decir, su praxis del cuento y la creación dentro del género, siempre apegado a sus autores o grandes maestros preferidos.

Entendemos que su conferencia en Cuba, "Características del cuento"[15], su curso en Venezuela "Técnica del cuento,"[16] y sus planteamientos en *Apuntes sobre el arte de escribir cuentos*[17] constituyen el fundamento de todo su andamiaje teórico sobre el género, porque una vez sentadas las bases de su poética en esa conferencia, curso y texto,

---

[15] Bosch, Juan. "Características del Cuento". *El mirador literario*, La Habana, 1944.

[16] Bosch, Juan. Curso "Técnica del cuento". Caracas, 1958.

[17] Bosch, Juan. *Apuntes sobre el arte de escribir cuentos*. Santo Domingo: Editora Alfa y Omega, 1985

Juan Bosch no hace más que precisar y ampliar sus aseveraciones dirigidas a sistematizar su cuerpo teórico sobre el género, siempre apoyándose, agregamos, en su procedimiento creativo y en una lectura activa de sus maestros.

A pesar de las propias confesiones del profesor Juan Bosch, —en su introducción explicativa a esta edición de 1985— de que «*Apuntes sobre el arte de escribir cuentos* es un ensayo hecho en tres partes para complacer una petición de Miguel Otero Silva», publicado en *El Nacional de Caracas* en septiembre de 1958, cabe afirmar que aun siendo de ese modo, el verdadero génesis de todos estos principios teóricos reside en su conferencia "Características del cuento", publicada en *Mirador Literario*, en La Habana, Cuba, en julio de 1944. Esta conferencia tiene su origen en el rechazo del profesor Juan Bosch a la clasificación de cuentos a los narrados en el texto *La luna nova y otros cuentos*, de Lino Novás Calvo, —considerado autor cubano, aunque nacido en Galicia—, quien en 1943 había obtenido el Premio Nacional de cuentos en Cuba.

Es en esta conferencia donde Juan Bosch define y deja establecido, para el que quiera verlo, las bases o principios fundamentales de su concepción sobre la naturaleza del cuento, o nos atreveríamos a decir, los parámetros que delimitan su procedimiento creativo al momento de abordar el género.

En "Características del cuento", el indudable maestro, profesor Juan Bosch, fija las categorías y núcleos temáticos que vendrán a sustentar su poética sobre la naturaleza del cuento: la brevedad, persistencia en el tema central, el tiempo en el cuento, la expresión, interés del lector, método para interesar al lector y método de llevarlo hasta el final, final que sorprende al lector, final sin desenlace, final con desenlace o final con desenlace sorprendente, interés de lo que se va relatando, unidad del tema, definición del cuento, el espacio/tiempo, el tiempo del universo cuento como su razón de ser y vida del género, su técnica, «el dato escondido» o «las dos historias», tensión e intensidad, vigilancia y disciplina, fuerza interior, etc.

Por ello, creemos firmemente que en su citada conferencia está contenida toda la poética sobre el cuento del profesor Juan Bosch que, por supuesto, vendrá a ampliarse y sistematizarse en *Apuntes sobre el arte de escribir cuentos* y otras conferencias, cursos y artículos publicados posteriormente.

Teniendo en consideración los elementos fundamentales que podrían participar en la estructura narrativa de un cuento (la historia, con su tema y evento o cadena de acciones, personajes, espacio y tiempo; el discurso narrativo, con su expresividad comunicativa, su punto de vista narrativo, tiempo de la narración, resumen, transición y escena, sus análisis de pensamientos, sentimientos, acciones y actitudes, su trama y su posibilidad de estructura en comienzo, medio y final, etc.), exploremos la teoría del cuento del profesor Juan Bosch y precisemos en qué medida esta poética demarca al cuento y su técnica, con sus abstracciones teóricas sobre el cuento en general, es decir sobre el género, o como un sistema de comunicación artística o procedimiento narrativo que obedece a la particular visión de nuestro maestro como creador en el campo de la narrativa.

Definición y técnica del cuento

No pienso que alguien cuestione que un cuento es una narración. Que puede ser una narración de acontecimientos en su sucesión temporal. O más elaborada, una narración de acontecimientos en los que el énfasis recae en la causalidad, es decir, una historia cuyos incidentes se suceden en secuencia causal. Y que esta narración probablemente cuenta con elementos específicos que siempre la caracterizan, entre los cuales podríamos nombrar personaje, espacio, tiempo, el propio discurso narrativo, es decir, resumen, transición, escena, punto de vista narrativo, etc.

En su conferencia en La Habana, Cuba, "Características del cuento", Juan Bosch, adhiriéndose a una definición de Rafael Suárez Solís, afirma lo cerrado del universo del cuento y sostiene:

> Lo característico en esa unidad de tema y de expresión en el cuento es que a todo lo largo tiene que conservar las medidas de su universo, las medidas de espacio y tiempo sin alteración.

Más adelante, en *Apuntes sobre el arte de escribir cuentos*, ya sistematizando su poética sobre el cuento, se pregunta qué es un cuento e inmediatamente asume la respuesta:

> Un cuento es el relato de un hecho que tiene indudable importancia (…) La convicción de que el cuento tiene que ceñirse a un hecho, y sólo a uno, es lo que me ha llevado a definir el género como el relato de un hecho que tiene indudable importancia. (13 y 32)

Y, enfatizando claramente, Juan Bosch concluye que, aunque el tema es de suma importancia en el cuento, su característica fundamental lo constituye la forma:

> Aunque hayamos dicho que en el cuento el tema importa más que la forma, debemos reconocer que hay una forma –en cuanto manera, uso o práctica de hacer algo– para poder expresar la acción pura, y que sin sujetarse a ella no hay cuento de calidad. La mayor importancia del tema en el género cuento no significa, pues, que la forma

pueda ser manejada a capricho por el aspirante a cuentista.
(34-35)

Podríamos considerar que la definición y concepto del cuento está latente y se presiente y aprehende inexplicablemente desde la historia del género, entendida ésta no como la suma de todos los cuentos escritos, sino como la suma de todos los cuentos que de algún modo, eso sí, contribuyendo a la tradición, han roto con las estéticas establecidas en sus tiempos y que, por tanto, obedecen a los diferentes procedimientos creativos de los grandes maestros haciendo prácticamente imposible un consenso en cuanto a su definición.

La importancia de la técnica, como forma de manipular los elementos de la narración o sistema de manejar la comunicación e información en la estructura narrativa del cuento, ha sido necesariamente reconocida por su valor expresivo en toda declaración teórica sobre el género.

Sobre *la técnica* del cuento, siguiendo con la sistematización de su poética en *Apuntes sobre el arte de escribir cuentos*, nos precisa Juan Bosch:

> Nunca debe olvidarse que el género tiene una técnica y que ésta debe conocerse a fondo. Cuento quiere decir llevar cuenta de un hecho. (...) Llevar cuenta es ir ceñido al hecho que se computa. El que no sabe llevar con palabras la cuenta de un suceso, no es cuentista. (...) Aprender a discernir donde hay un tema para cuento es parte esencial de la técnica. (14)

Y continuando con sus precisiones, afirma:

> Esa técnica no implica, como se piensa con frecuencia, el final sorprendente. Lo fundamental en ella es mantener vivo el interés del lector y por tanto sostener sin caídas la tensión, la fuerza interior con que el suceso va produciéndose. El final sorprendente no es una condición imprescindible en el buen cuento. (...) Un final sorprendente

impuesto a la fuerza destruye otras buenas condiciones en un cuento. Ahora bien, el cuento debe tener su   final natural como debe tener su principio. (…) Comenzar bien un cuento y llevarlo hacia su final sin una digresión, sin una debilidad, sin un desvío: he ahí en pocas palabras el núcleo de la técnica del cuento. (16,17y18)

Manteniendo su visión apegada a la técnica del género, agrega:

Cuando el cuentista esconde el hecho a la atención del lector, lo va sustrayendo frase a frase de la visión de quien lo lee pero lo mantiene presente en el fondo de la narración y no lo muestra sino sorpresivamente en las cinco o seis palabras finales del cuento, ha construido el cuento según la mejor tradición del género. (22)

Si aceptamos que el cuento puede ser una narración sobre eventos imaginarios que suceden entre imaginarias personas, cuyas acciones apuntan hacia una crisis la cual es resuelta al final, como una forma literaria de la imaginación, podría afirmarse que el cuento varía entre autores. O para decirlo con Julio Cortázar:

Nadie puede pretender que los cuentos sólo deban escribirse luego de conocer sus leyes, en primer lugar, porque no existen tales leyes, sino punto de vista, ciertas constantes que dan una estructura a ese género tan poco encasillable. (Citado por Mempo Giardinelli[18] (12).

La historia (Personaje - Espacio - Tiempo - Tema)

La historia, como narración de hechos o acontecimientos en su sucesión temporal o ya organizada en trama, es decir, narración de acontecimientos en los que el énfasis recae en la causalidad, ha sido reconocida como

---

[18] Giardinelli, Mempo. *Así se escribe un cuento*. México: Editorial Patria, 1999.

uno de los elementos fundamentales del cuento. Ella, sostén de las acciones físicas o psicológicas de los personajes y de su espacio y tiempo, sin embargo, ha sido cuestionada en algún momento por uno que otro teórico. En torno a esta categoría, es importante destacar la prematura visión de Horacio Quiroga quien, en su "Retórica del cuento", artículo publicado en *El Hogar*, en 1938, aseguraba:

> Pero no es indispensable, adviértenos la retórica, que el tema a contar constituya una historia con principio, medio y fin. *Una escena trunca, un incidente, una simple situación sentimental, moral o espiritual, poseen elementos de sobra para realizar con ellos un cuento.* (…) con la historia breve, enérgica y aguda de un simple estado de ánimo, los grandes maestros del género han creado relatos inmortales. (Reproducido por Catharina V. de Vallejo[19]. El subrayado es nuestro) (72).

Juan Bosch, teorizando sobre las categorías *hecho, tema e historia* nos afirma, en *Apuntes sobre el arte de escribir cuentos*:

> Un cuento no debe construirse sobre más de un hecho. (…) El hecho es el tema, y en el cuento no hay lugar sino para un tema. (21)

Y agrega:

> El tema requiere un peso específico que lo haga universal en su valor intrínseco. (…) en el cuento el tema da la acción. (25 y 27)

En un tono de síntesis y probablemente sostenido en este criterio, refiriéndose al constante flujo de la acción, nos plantea su *Primera Ley* o Ley de la fluencia constante:

---

[19] V. de Vallejo, Catharina. *Teoría cuentística del siglo XX*. Miami: Ediciones Universal, 1989.

La acción no puede detenerse jamás; tiene que correr con libertad en el cauce que le ha fijado el cuentista, dirigiéndose sin cesar al fin que persigue el autor (…) moverse al ritmo que imponga el tema –más lento, más vivaz-, pero moverse siempre. (…) no puede detenerse. (…) Es en la acción donde está la sustancia del cuento. (37-38)

Enfatizando la importancia de la acción en sí, sin divagaciones o distracciones como naturaleza fundamental en el cuento, plantea inmediatamente su *Segunda Ley*:

El cuentista debe usar sólo las palabras indispensables para expresar acción. (38)

Y amplía:

Miles de frases son incapaces de decir tanto como una acción. En el cuento, la frase justa y necesaria es la que dé paso a la acción. (38)

Sobre *los personajes*, otro elemento clave en la estructura de la historia, estableciendo diferencias entre el novelista y el cuentista, Bosch sostiene que el novelista:

Crea caracteres y a menudo sucede que esos caracteres se le rebelan al autor y actúan conforme a sus propias naturalezas. (p15)

En tanto sostiene, que el creador de cuentos:

Es el padre y el dictador de sus criaturas, no puede dejarlas libres ni tolerarles rebeliones. Esa voluntad de predominio del cuentista sobre sus personajes es lo que se traduce en tensión y por tanto en intensidad. (15-16)

Entendemos que, al hablar del *tiempo* en la estructura narrativa, podríamos considerar el propio *tiempo de la historia*, es decir, el tiempo en que suceden los eventos; *el tiempo en que se organiza el discurso narrativo* e inclusive hablar de *un tiempo gramatical* que en algún modo tiene que ver con el punto de vista narrativo. Refiriéndose a la categoría *tiempo* en el cuento Juan Bosch nos asegura:

> El tiempo del cuento es corto y concentrado. Esto se debe a que es el tiempo en que acaece un hecho —uno solo, repetimos—, y el uso de ese tiempo en función de caldo vital del relato exige del cuentista una capacidad especial para tomar el hecho en su esencia, en las líneas más puras de la acción. (34)

El discurso narrativo (Tiempo de la narración - Punto de vista narrativo - La trama)

De *la trama*, como medio a través del cual el narrador estructura y expone su historia a comunicar, Juan Bosch nos plantea como una regla:

> Antes de sentarse a escribir la primera palabra, el cuentista debe tener una idea precisa de cómo va a desenvolver su obra. Si esta regla no se sigue, el resultado será débil. (…) En cambio, otra cosa sucede si el cuentista trabaja conscientemente y organiza su construcción al nivel del tema que elige. (26-27)

Sobre el tiempo de la narración, ya hemos visto cómo el profesor Juan Bosch enfatiza su naturaleza de concentrado y breve, por obedecer a la fuerza de un solo hecho, lo que exige cierta destreza del cuentista para precisar la esencia del hecho en la acción pura.

La organización del tiempo de la narración, con sus saltos temporales a veces hacia atrás o hacia delante, con sus planos narrativos continuos o discontinuos, así como el punto de vista narrativo, o sea, el planteamiento para el autor de a quién seleccionar para narrar la historia, son elementos claves del discurso narrativo de todas las épocas.

De este modo, compartimos la afirmación de Coronada Pichardo Niño[20] de que en la teoría del cuento sistematizada en *Apuntes sobre el arte de escribir cuentos*, Juan Bosch:

> Establece una reflexión teórica que debe considerarse como uno de los primeros estudios serios que cuestiona y plantea la problemática textual del género cuento de manera teórica y práctica y cuya intención principal no es otra que la de proporcionar a los escritores el material técnico necesario para la elaboración de dicho género. (42)

Sin embargo, agregamos nosotros, esta reflexión teórica del excelente maestro del cuento, el profesor Juan Bosch, no hace más que presentarnos de forma categórica y precisa su poética sobre el cuento, su procedimiento creativo en torno al cuento, como tienen sus diferentes poéticas otros creadores del cuento, explicando esto la razón por la cual es casi imposible seguir una definición del género, como se observa en las anteriores aseveraciones de Julio Cortázar, citado por Mempo Giardinelli en su texto *Así se escribe un cuento*, cuando afirma, refiriéndose a las leyes del cuento, que "no existen tales leyes, sino punto de vista, ciertas constantes que dan una estructura a ese género tan poco encasillable."

Las teorías del cuento y la valoración del texto

El mundo maravilloso del cuento y sus teorías sirven para mucho más que el rescate de la memoria cultural del género y el deleite estético, el respeto a la tradición, la herencia cultural en el futuro, la preservación de la identidad a la hora de crear narraciones o ensayos

---

[20] Pichardo Niño, Coronada. *Juan Bosch y la Canonización de la Narrativa Dominicana*. Santo Domingo: Funglode, 2008.

críticos: nos dan trazos o elementos para aproximarnos al papel en blanco o a la estructura del texto narrativo, porque sería injusto llegar desarmado a la emboscada. Mas, una vez frente a la inquietud creativa o al papel en blanco, a la propuesta del texto a decodificar, será el discurso y su estructura interna, será el desplazamiento tanto vertical como horizontal de su punto de interés, el uso del lenguaje y su matriz estética, la organización de los diferentes elementos que estructuren el texto narrativo lo que habrá de tomarse en cuenta para una confirmación o no de sus valores de verdad como propuesta o matriz de arte.

A través de los años, en su manifestación escritural, el cuento ha generado variadas matrices con inagotables posibilidades y soluciones teóricas y estéticas, o conjuntos de principios que intentan fundar su categoría. Si observamos cuidadosamente, estas matrices obedecen a procedimientos creativos o sistemas narrativos muy personales que proveen las herramientas intelectuales para procesar e interpretar al género de un modo específicamente particular.

Si hacemos una aproximación a las teorías más festejadas sobre el cuento, identificaremos dos vectores.

1°. Que las teorías aceptadas como valores de verdad y que son defendidas como matrices a imitar, han sido desarrolladas por escritores del género fundamentándose en sus procedimientos creativos y los de autores con los cuales se identifican como sus confirmados maestros: Edgar Allan Poe, Horacio Quiroga, Chejov, Ernest Hemingway, Enrique Anderson Imbert, Juan Bosch, Julio Cortázar, Ricardo Piglia, Joyce Carol Oates, Isaac Asimov, Phillys Bentley, Raymond Carver, John Gardner, etc.

2°. Que las teorías sobre el cuento desarrolladas por críticos y ensayistas (quienes no han sido escritores que se desplacen a través del género), están de igual modo sustentadas en los textos narrativos de escritores que sí ejercen la práctica escritural del cuento; o dicho de una forma más precisa, se fundamentan en un desmontaje de las estructuras narrativas o procedimientos creativos de esos escritores: Wayne C Booth, Gabriela Mora, Mieke Ball, Silvia Adela Kohan, Teresa Imízcoz, Daniel Cassany, Seymour Menton, Mario A. Lancelotti, Sharon Sorenson, Charles E. May, etc. Y esto es razonable ya que difícilmente podría hablarse de una teoría del cuento antes de la praxis del género.

Sin embargo, el seguimiento a estos dos vectores podría llevarnos a visualizar que, al estar sostenido todo el desplazamiento histórico de las diferentes teorías del cuento en la praxis de la escritura de tal o cual escritor, aproximadamente en todos los vértices, *dichas teorías no son más que un agudo reflejo de los procedimientos o sistemas creativos de estos escritores, que a su vez generan matrices que fácilmente podrían llegar a condenarnos.*

Porque del mismo modo en que existen escritores que podrían encasillarse considerando parámetros comunes, con procedimientos coincidentes en un vértice; que existen teorías sobre el cuento con tendencias a coincidir en puntos tangentes que las aglutinan; de ese mismo modo, existen matrices sueltas que se pierden injustamente sin consideración ni festejo.

Y es que cuando un narrador decide presentar un cuerpo teórico sobre el cuento no está más que identificándonos los vértices en que se apoya teóricamente para elaborar su discurso narrativo; es decir, nos está desmantelando su sistema narrativo o procedimiento creativo frente a la página en blanco a la hora de escribir un cuento. Del mismo modo, cuando este cuerpo teórico lo elaboran los críticos o ensayistas, lo hacen sobre un desmontaje de las estructuras del procedimiento narrativo o creativo de algún o algunos escritores a los cuales festejan.

Como los escritores no tienen todos el mismo procedimiento creativo o sistema narrativo (si no, véase a Quiroga frente a Kafka, a Borges frente a Rulfo, a Kundera frente a Bosch, a René del Risco o Joyce Carol Oates frente a García Márquez, a Hemingway o Carver frente a Gardner, es lógico que surjan teorías que a veces tienen pocos puntos de tangencia; o alguna matriz que resulta suelta y que no encaja en la tabla de verdad que felizmente se festeja. Y entonces se escucha el murmullo y el rechazo o improbablemente el asombro. De seguro que habrían alteraciones en las teorías sobre el cuento que hoy conocemos si Kafka o Rulfo hubieran sido menos tímidos y René del Risco no hubiera muerto absurdamente en un adelanto triste del azar.

Porque, como pudo haber dicho Picasso «si el arte no propone una continuidad que permita eclosionar nuevas estructuras no pasará de ser una forma de esnobismo intelectual». O para decirlo con John Gardner, «cuando uno comienza a ser persuadido de que ciertas cosas jamás deben ser hechas en narrativa y ciertas otras deben siempre hacerse, uno ha entrado a la primera etapa de la artritis estética, la enfermedad que termina en rígida pedantería y la atrofia de la intuición. Cada verdadero trabajo de arte —y así, cualquier tentativa de arte— debe ser juzgado primariamente, aunque no exclusivamente, por sus propias leyes. Y si éste no tiene leyes, o sus leyes son incoherentes, éste falla —usualmente— en esas bases».

Porque debemos recordar que las matrices estéticas festejadas, aunque con cierta lentitud, son diacrónicas. Y dentro de la tentativa de arte, es decir, cualquier expresión artística, es en su matriz interior como unidad, como sistema o procedimiento creativo, donde reside la única verdad que dicta su sentencia.

Aproximación a un juego extremadamente serio: *El décimo día*, de Rubén Sánchez Féliz

El novelista no es ni un historiador ni un profeta:
es un explorador de la existencia.
MILAN KUNDERA

La novela como exploración ficcional de temas de la condición humana verificables en una estructura social

La angustiosa preocupación por la salud sostenida en el silencioso temor a la muerte, constituye un vértice inevitable y fundamental de lo cotidiano demarcado en el perímetro de la condición humana. Lo segundo, es decir la muerte, es inevitable. Lo primero, la preocupación por la salud, debería ser un capítulo prioritario no solamente de toda micro-estructura familiar, sino de la macro-estructura social en que fallecemos entregados a la inútil y vanidosa tarea de *sapiens* civilizado.

Creemos, con Jacques Sauvage[21] que, en todo texto narrativo, cuando los personajes se convierten en medios orgánicos a través de los cuales se capta la realidad, la personificación se hace temática, y la novela entonces puede verse como una suma trascendente de sus interrelaciones significativas.

Es posible que en *El décimo día*[22], de Rubén Sánchez Féliz (título que de alguna forma remite a los diez días de la terrible espera por el diagnóstico médico final de una madre enferma cuyo estado ha desequilibrado hábitos, necesidades y costumbres de una familia latina en el

---

[21] Sauvage, Jacques. Op. Cit.
[22] Sánchez Féliz, Rubén. El décimo día. New York Ediciones Alcance, 2005.

Bronx), las personificaciones de Eduardo, Natalia, Carlitos, Fermín, etc., no sean más que un pretexto para cuestionar una de las instituciones más deficientes de la estructura social en que se desarrollan los eventos: las instituciones médicas, con su burocracia dirigida al enriquecimiento; que establecen, paradójicamente, condiciones de existencias que contribuyen a dificultar el proceso vital y aumentan en el hombre y la mujer un terrible estado de angustia.

En la novela *El décimo día*, una llamada telefónica es el detonante que pone en marcha todo un sistema narrativo de comunicación e información cuya cadena de eventos, casi lineales y fuertemente unidos en su relación de causa-efectos, nos sumerge violentamente en la angustiosa crisis padecida por una familia latina con fuerte sistema de valores, ante la amenaza de muerte por efecto de un tumor en el cerebro de uno de sus miembros y la burocracia médica, institucionalizada, que no hace más que agudizar la desesperación y crear un espacio inhabitable de incertidumbres:

> Cuando tomé el teléfono en la oficina su voz no fluyó como de costumbre. Sólo atinó a mencionar el nombre de Natalia y prorrumpió en llanto, por lo que el abuelo —quien por suerte estaba al lado de mi padre—, le quitó el aparato y me participó que mi esposa estaba muy mal. (11)

Y aunque afirmáramos que el núcleo temático fundamental de la novela es la muerte, es saludable destacar que giran en torno a éste algunos temas de significados como creencias, mitos, identidad, religiosidad, conjuntos de valores familiares y las instituciones de salud como generadoras del miedo, la angustia y el absurdo que a veces confronta el hombre y la mujer de hoy, acercándonos al criterio de que, si se puede decir que la literatura significa varias cosas, representa primordialmente una evidencia y testimonio social de costumbres y ética, de las tensiones entre el hombre y la sociedad, y de las maneras en que cada individuo responde a sus peculiares condiciones socio-culturales.

A lo largo de toda la trama y a través de los diferentes puntos de vistas narrativos se pone de manifiesto cómo los valores de esta familia se van degradando violentamente producto de un estado de ánimo colectivo sumergido en la angustia y la incertidumbre:

> El profesor de biología se extrañó al entregarme el resultado del examen: Había reprobado...Ya nada me importa. Ahora redacto mi carta de renuncia.
> Carezco de tiempo y de ímpetus para ser Delegado de Unión de Trabajadores.
> Es mejor dormir. (123)

Una estructura narrativa funcional o el uso eficiente de los recursos técnicos en torno a un núcleo temático

Considerando que, para aproximarnos a la integración de elementos estilísticos en la estructura de una obra narrativa, estos tienen que examinarse al nivel del texto en su globalidad, como de algún modo sostiene Stephen Ullmann, citado por Sauvage[23], intentemos hacer una panorámica del discurso textual que nos ocupa. *El décimo día* tiene una estructura aparentemente sencilla, dividida en veintiocho capítulos, donde los eventos tienen una secuencia o tiempo de la historia, que podría asegurarse casi lineal con el tiempo de la narración; y cuyos puntos de vistas narrativos o voces que nos presentan la historia (Eduardo, Natalia y Carlitos), con sólo tres excepciones, están configuradas en primera persona.

---

[23] Sauvage, Jacques. *Op. Cit.*

Sin embargo, he dicho aparentemente sencilla porque percibo una delicada preocupación técnica en la organización de las voces narrativas que participan de la historia y que mantiene un equilibrio en la composición del texto, al mismo tiempo que introduce, con algunas pinceladas y acertado dominio del oficio, cierto contraste para crear y mantener un punto de interés, una estructura cerrada y adherida a su núcleo temático en todo el discurso narrativo.

De los veintiocho capítulos, once son presentados bajo el punto de vista narrativo de Eduardo, en tanto que, de igual manera, once son mostrados bajo el punto de vista de Natalia. La voz de Carlitos se ocupa en dos capítulos y algunos fragmentos. El capítulo seis está conformado por tres segmentos narrativos numerados del uno al tres y cuyas voces narrativas son, en el mismo orden, las de Carlitos (la de éste en segunda persona narrativa, como luego lo hará en el segundo fragmento del capítulo quince), Natalia y Eduardo.

Nos parece sumamente interesante señalar la naturaleza onírica de los eventos de los tres segmentos narrativos del capítulo quince, además de certificar nuestra militante antipatía con alguna idea de la casualidad que rechace la intención creadora en la organización y presentación de los referidos tres sucesos oníricos.

El capítulo catorce lo constituye íntegramente un correo electrónico enviado a Eduardo por su amiga Rosa, donde le comunica sobre un sueño extraño, un sueño algo complicado, que había tenido con su esposa Natalia, a quien afirma no conocer. Dicho correo electrónico, que adquiere verosimilitud dentro de la estructura narrativa porque su lectura se anticipa ya en el capítulo trece («Me siento en el sillón, frente a la computadora (…) Me concentro en los e-mails que he recibido» …), es un recurso técnico sumamente acertado porque refuerza el núcleo temático de la trama en la historia narrada, abriendo aún más las posibilidades y creando cierta angustia, ansiedad e incertidumbre.

Este capítulo, de una sola página, me parece que amerita como recurso técnico dentro del discurso narrativo, el comentario fundamental de tres elementos:

1.- La aliteración semántica usada para definir la naturaleza del sueño («fue un sueño un poco raro (…) El sueño fue algo extraño»), que indudablemente nos prepara para una desgracia en el desenlace o diagnóstico sobre la enfermedad de Natalia.

2.- El referente en el sueño a la pintora Frida Kahlo y su obra:

«(…) fue un sueño un poco raro, relacionado con Frida Kahlo y su trabajo artístico». Esta Referencia nos remite, de algún modo, a la angustiosa vida de la artista y nos prepara mentalmente abriendo una trágica posibilidad para Natalia.

3.-Aunque Rosa le escribe-narra en un correo electrónico a Eduardo lo que soñó, esta narración no aparece encajada en dicho capítulo:

«(…) aquí te escribo el resultado, lo que soñé: (…)». La falta u omisión de esta narración del sueño de Rosa, nos provoca cierta ansiedad e incertidumbre, y deja abierta la sospecha, también, de algún desgraciado evento o desenlace.

El décimo día, donde el uso de los recursos expresivos de la narración comparte planos con la novela psicológica; donde la selección de las voces narrativas están presentadas en primera persona y la importancia de la trama no recae en los eventos, sino en los estados anímicos de los personajes presentados a través de análisis de sentimientos y pensamientos, actitudes frente a los sucesos y cambios o transformaciones originados por los valores de la condición humana, fundamentalmente, como valor estético, visualiza la narrativa como juego ficcional, pero un juego donde los personajes, eventos y manifestaciones de los pensamientos y sentimientos no son más que posibilidades existenciales de la condición humana.

Por la propia naturaleza de su núcleo temático como exploración de la existencia humana y la organización del discurso narrativo, sería imposible afirmar que, en realidad, *El décimo día,* de Rubén Sánchez Féliz, no se trata de un juego serio, sumamente serio.

Aproximación lúdica a
El mal del tiempo,
de René Rodríguez Soriano

> *Los juegos son la forma más elevada*
> *de la investigación.*
> ALBERT EINSTEIN

El juego de la imaginación

En nuestra aproximación a *El mal del tiempo*[24], de René Rodríguez Soriano, observaremos algunos detalles que giran en torno a la dicotomía discurso-historia. De esta forma, creemos, podremos generar una actividad de descubrimiento y exposición de su estructura entendida como significado e integración de los elementos que rigen el discurso textual, es decir «el medio a través del cual la historia es transmitida», según Seymour Chatman[25]. Así como una actividad de búsqueda y comprensión del complejo de emociones e ideas que se desplazan por el nivel de la historia (eventos, personajes, espacio y tiempo). Consideramos que en estos elementos está el principio generador de la novela como «meditación sobre la existencia vista a través de personajes imaginarios (95)», como sostiene Milan Kundera[26]. Ello requiere de la inevitable inmersión en un espacio de signos, imágenes y símbolos donde se torna urgente, como juego de lectura, el intento de decodificación de las leyes de otro juego de la imaginación.

---

[24] Rodríguez Soriano, René. *El mal del tiempo*. Santo Domingo: Editorial Gente, primera edición, 2008.
[25] Chatman, Seymour. *Story and Discourse*. New York: Cornell Paperback, 1980.
[26] Kundera, Milan. *Op. Cit.*

En el caso que nos ocupa, este juego de la imaginación, por supuesto, refleja un procedimiento creativo que vemos desplazarse a todo lo largo del discurso. De este modo, viene a certificar la presencia, cuando no de una visión estético-creativa asumida con pleno conocimiento del riesgo de aciertos y desaciertos, por lo menos de toda una panorámica o concepción implícita de la historia de la novela. Esta visión estético-creativa, creemos está digerida a través del estudio sistemático y el desmontaje de los recursos expresivos de la narrativa de los grandes escritores y/o la lectura cómplice como placer y juego.

El juego como lectura del otro juego de la escritura

El objetivo del juego es la actividad misma de jugar,
por tanto, hacer de la vida, siquiera por un momento,
un juego, adoptar su sistema de referencias y relaciones.
RAFAEL NÚÑEZ RAMOS

La estructura del discurso en la disposición de los elementos fundamentales de *El mal del tiempo,* de René Rodríguez Soriano, nos muestra al instante una selección de recursos textuales o estilísticos (fragmentos de planos narrativos, planos objetivos, planos subjetivos o evocativos, cartas, poemas, elementos sensoriales y lógicos con una carga afectiva que refleja casi siempre la actitud de la voz narrativa) en una disposición lúdica o de juego estético del discurso narrativo.

Esta estructura participa, a nuestro parecer, de esa visión estético-creativa asumida conscientemente a costa de riesgos en aciertos o desaciertos (posiblemente apoyada en un amplio abanico de lecturas del género y la experiencia escritural). Nos sumerge en un tejido donde el contexto temporal y geográfico, como referentes de la realidad histórica, social y cultural, vienen a generar, en su exploración temática manifiesta a todo lo extendido del texto, el enorme vacío existencial y la angustia desgarradora que vive el personaje central, Javier. (Ah, llegamos a enterarnos que el nombre de la voz narrativa o personaje central es Javier en la apertura del cuaderno número dos, fragmento número uno constituido por una carta que envía Laura a su ex-seminarista donde entre otras cositas, le dice estar orgullosa de haberse «quemado» en Trigonometría). Es Javier, con este vacío existencial y angustia desgarradora, el personaje que experimenta los eventos y desplazamientos en toda la historia de un modo mucho más psicológico que físico, por su carácter de intromisión en la mente del yo que narra y su casi naturaleza de monólogo dramático.

Y es que *El mal del tiempo* nos presenta la historia del ex seminarista Javier, el ego experimental de un joven escritor fantasmagórico que asiste a la universidad (para ser más preciso, a la Universidad Autónoma de Santo Domingo, UASD), pero vive inmerso en la sublimidad de su hábitat: Oyendo música, entre la lectura y la escritura, el cine; la farsa de los clubes, las chicas y las cervezas; inmerso y estancado entre los recuerdos, las remembranzas y la melancolía, como sumergido en un estanque cuyo perímetro encierra la memoria de su existencia absurda; porque en realidad es un ser agobiado por la soledad y, sobre todo, la impotencia ante su entorno:

> Comienzo el día **oyendo música.** (…) Todo un día de **remembranzas**. No salgo a la calle, **leyendo** *Juvenilia*. Invierto buena parte de la tarde en **escribir** algo, pero como siempre, los días como hoy me resultan incómodos. Los domingos, como diría **Víctor Manuel**, me saben tristes, su arsenal de **recuerdos** e impotencia se me apoza adentro, llenándome de **ausencia y niebla**. (…)

Los domingos del **seminario, el pueblo** y todos los pasados en esta **bulliciosa y extraña ciudad**. No ha sido fácil adaptarme a **esta nueva vida. No me acostumbro al trajín universitario, tantos autos y tanta gente y bulla sin dar conmigo** ni los míos en estos **días sin fondo**. (…) (15, las **negritas** son mías)

En lo que podría llamarse una exploración introspectiva como recurso de apertura de la historia y que nos presenta al personaje en una especie de conflicto con su yo y el entorno, en el segundo fragmento narrativo del cuaderno uno y a través del punto de vista del personaje central, Javier, nos enteramos de que éste no cree en los principios religiosos, a pesar de que tan solo ha pasado dos años de haber ido al seminario desde su hogar paterno, San José del Puerto, un hogar religioso donde «exploto a los viejos, haciéndoles gastar lo que no pueden ¿para qué?»:

Otro día más gris azulado o, más bien, triste. Otro eslabón de **esta larga y rugosa cadena mal llamada vida. Termino Juvenilia**. Desperté una mañana con las maletas hechas —**un crucifijo y un misal** alumbrándome el camino— (…) **¡Lo lamento, mamá, no pude ser el cura que soñaste!** (...) Pasan por mi mente todos **los recuerdos** (…) me hieren **los recuerdos** (…) **Evo**co y dejo que **la memoria** se pierda (…) **La fatiga y el cansancio de la nada**. Porque el **hacer nada, nada causa**. (…) **Hoy se cumplen dos años de mi llegada a esta urbe**. (…) **este mar tan diferente a mis apacibles olas pueblerinas de San José del Puerto**. (15-16, las **negritas** son mías).

En su práctica social, tampoco ejerce militancia política («no tengo creencias religiosas, no pertenezco a ningún grupo político», cuaderno 1, fragmento 6, p.18), aunque vive maldiciendo «el giro que se enrosca en esta nada absurda y gris que se impone a fuerza de fusil y lengua larga con funditas en día de Reyes».

Es interesante destacar que en este fragmento 6, con dicha aseveración, se inicia lo que podríamos llamar el procedimiento de definición del contexto temporal o la recreación de la época, el contexto de los referentes de la realidad que a nuestro juicio irá definiendo, al situar la historia en un lugar y en un tiempo determinado marcado por el desgarramiento de la calidad humana, las condiciones históricas y culturales que vienen a sustentar el tono y el estilo del discurso. Esto porque con «esta **nada absurda** y gris que se impone **a fuerza de fusil** y lengua larga con **funditas en día de reyes**», se inicia como recurso estilístico en el texto una cadena de alusiones al Dr. Balaguer y su período de doce años de crímenes de **la Época Infernal** (la Época Infernal, primera alusión "tangencial" al personaje histórico del Dr. Joaquín Balaguer en el texto narrativo, por su práctica política y de dádivas con las masas desposeídas); continúa en «aquí no se hace otra cosa que oír canciones por la radio (…) este silencio adrede es algo que se apodera de uno como la hiedra, lo va cubriendo palmo a palmo, y siento que eso es lo que se persigue desde la garita **del gárrulo mayor**: adocenar hasta la pared de enfrente, empaquetar y ensimismarlo a uno en la misma nada» (gárrulo mayor, segunda alusión a Balaguer); de que «todos sufran en lo más íntimo de las pieles los fuetazos que mandan **el auriga** y su rasquiñoso coro de títeres mal comprados» (el auriga, tercera alusión a Balaguer); a pesar de que «el cancerbero sigue ahí, el circo continúa y la sangre mana sin fuerza por la fuente quejumbrosa de los días» (cuarta alusión a Balaguer) y que «¡El auriga y su cuadrilla, asesinos en el poder!» (quinta y última alusión a Balaguer tan sólo en el cuaderno número uno).

Pero es muy saludable señalar que esta quinta alusión al Dr. Balaguer, por su importancia en la definición de la angustia existencial del personaje Javier, fija como recurso simbólico con su aliteración a todo lo largo de la dicotomía discurso-historia un valor que se integra en la estructura significativa del discurso textual que se va reforzando con otros referentes de esa realidad histórica, porque dentro de su contexto existencial han caído a la fecha, justificados por la estructura de la ficción, el periodista Gregorio García Castro, la estudiante Sagrario Ercira Díaz mientras pasan *en* el cine *A sangre fría*, de Truman Capote, y más adelante el líder de la revolución del 24 de Abril, el coronel y ex presidente constitucionalista Francisco Alberto Caamaño se interna en las montañas de Ocoa junto a sus muchachos, en tanto que fuera de la ficción ya el Auriga llevaba más de tres mil almas asesinadas o desaparecidas a ritmo de un cristiano asesinado cada cuarenta y ocho horas tan sólo por razones políticas[27].

Javier vivía desplazándose en un ir y venir entre la zona universitaria de «esta bulliciosa y extraña ciudad», con su trajín de estudiante dentro de «estos días sin fondo», echando a veces gritos al «Auriga» en las manifestaciones estudiantiles de la lucha universitaria por «el medio millón» y su pueblito natal de «apacibles olas pueblerinas» de «San José del Puerto». Un ego experimental cuyo centro de gravitación (muy a pesar de otras divagaciones sentimentales y la participación en algunas competencias de basquetbol) lo constituyen su pasión por la joven Laura y por las chicas, un hábitat donde advierte «me vuelvo algo popular entre las compañeras de aula»; y donde los eventos cotidianos personales se desarrollan dentro de un marco referencial socio-histórico de

---

[27] Fortunato, René. *La violencia del poder*. Santo Domingo: Videocine Palau, 2003.

vacío existencial, incertidumbre y angustia, de una historiografía vivida por la sociedad dominicana y dominada por el «Auriga» y su temporada de sangre, conocida en el ambiente académico y que ha sido bocetada en los cinco tomos de la enciclopedia local la Era Infernal.

El mal del tiempo o la llamada de un tiempo perdido

El hombre es hombre gracias al trabajo;
hay que añadir que sólo logra serlo cuando se libera
de la faena o la transmuta en el juego creador.
OCTAVIO PAZ.

Podría decirse que de algún modo en toda mirada lúdica subyace parte de la naturaleza del ser que de seguro anticipa los niveles referenciales, éticos y estéticos en un plano que se desplaza de lo racional a lo irracional. En la estructura lúdica de *El Mal del Tiempo*, el epígrafe de Antonio Tabucchi (tomado de *Piazza d'Italia*, que abre la novela en el cuaderno número uno generando su título, el cual es retomado en el cuaderno número trece que cierra la historia como marco del perímetro de todo el discurso narrativo), es asumido como estética de la construcción funcional; en tanto que por otro lado, lo planteado en el contenido de la «Teoría del epígrafe», de Julio Cortázar, que abre el primer cuaderno contribuyendo al nivel lúdico de la estructura del texto, es verificable en los desplazamientos temáticos a través de los discursos fragmentarios que constituyen el texto. El cuaderno número dos abre su discurso con un epígrafe de Carlos Fuentes, tomado de *Zona Sagrada*, que plantea de modo dialógico la funcionalidad y la estética del juego en el texto literario narrativo, quedando así abierto, a nuestro modo de ver, el universo lúdico de René Rodríguez Soriano en el texto que nos ocupa.

Esta historia ficcional, como sistema de información, es organizada por el autor recurriendo a una primera persona narrativa en la voz de Javier (estudiante que abandona el seminario e ingresa a la Universidad Autónoma de Santo Domingo, UASD, en la década del 1970), en un discurso narrativo lúdico estructurado en fragmentos de planos, continuos a veces, a veces discontinuos, pero titulados todos, que participan de una estructura lingüística lírica de sintaxis abortada que de algún modo agilizan y facilitan la lectura. El uso de aliteraciones (tanto gráficas como semánticas), la construcción de imágenes que se constituyen en símbolos recurrentes y la inserción de otros recursos estilísticos (poemas y cartas) que vienen a constituirse en una estructura de gran unidad y atmósfera que con su tono y estilo vienen a darnos una configuración de aquel vacío existencial de la época.

La historia en la novela *El mal del tiempo*, en su sistema narrativo, casi íntegramente, está presentada por un examen del tiempo pasado sostenido en un discurso de estructura lúdica donde se recurre al juego con la palabra para sugerir correlaciones emocionales que cargan de sentido el lenguaje y definen al personaje central en su caracterización y atmósfera; con exploraciones en la interioridad del yo narrativo, situado en una coordenada espacio-temporal de angustia y vacío existencial, articuladas en sutiles análisis de sentimientos, pensamientos y actitudes que tienen sus gérmenes en imágenes cuyas funciones sugestivas del significado conducen a la subjetividad del discurso.

Es Javier un novel escritor que prácticamente vive estancado en su propia memoria, en la vorágine de un tiempo histórico del que se ve casi obligado a substraer-se, dejándonos participar a nosotros de sus peripecias y experiencias. Dejándonos participar de las proyecciones de su conciencia, sus valores y deseos, la percepción de sus inútiles avatares, de su compleja y multifacética condición humana, todo ello a través de una estructura significativa configurada en una realidad ficticia cuyos referentes sociales y culturales nos remiten a una historiografía de la sociedad dominicana. La infructuosa lucha contra su adverso hábitat, en su relación con la sociedad y los demás, su confrontación consigo mismo en un túnel oscuro y sin salida, le arrastra implacablemente a la profundidad de este tiempo estático y perdido donde todas sus divagaciones y estados emocionales son descargadas contra el «Auriga» y su tiempo siniestro y sin retorno.

La irreversibilidad del pasado es tan cruel que existen puntos de vistas que sostienen la inexistencia del pasado como realidad, reconociéndolo tan solo como punto de referencia a la hora de considerar el presente, y es muy probable que Javier se haya enterado a través de sus lecturas de estas divagaciones conceptuales sobre las consideraciones de la validez de un tiempo pasado o futuro, él centrado en una intimidad que lucha tan solo por resolver su propio conflicto existencial cuyo pensar le catapulta siempre, como a un bumerán, a esta llamada de un tiempo perdido.

El referente socio-histórico como perímetro existencial y el texto como objeto antropológico

El novelista no es un historiador ni un profeta;
es un explorador de la existencia.
MILAN KUNDERA

Javier, el ex seminarista y novel escritor, personaje central de *El mal del tiempo* (y es bueno decirlo, un mal estudiante asfixiado por Laura, que no asume su responsabilidad y que vive entre «La Cotica, las cervezas y las chicas», aunque se lamente por su perímetro), vive inmerso en una circunstancia desgarradora de cultura y tiempo, en «esta **nada absurda** y gris que se impone **a fuerza de fusil** y lengua larga con **funditas en día de reyes**», en esa realidad histórica de la ficción que corresponde íntegramente a la descripción de una época, vive y experimenta, ya lo hemos dicho, el enorme vacío existencial, la angustia y desesperanza que permea la Era Infernal, entiéndase la realidad histórica del tiempo de gobierno del Dr. Joaquín Balaguer. Y es que los personajes de ficción, al igual que los de la realidad, no existen aislados. Adquieren las características de humanos por su interacción con otros personajes y definen su identidad por sus demarcaciones en el campo político y cultural de su tiempo, es decir, en sus interacciones profundas con el perímetro existencial o circunstancias. En definitiva, estos perímetros existenciales vienen a sellar las causas de sus motivaciones y conflictos personales. Por supuesto que el manejo de estas circunstancias en el campo literario, llevadas a efectos con habilidad por los escritores, puede llegar a generar un amplio abanico de posibilidades significativas dentro del texto narrativo y es indudable que, las respuestas a estos contornos por los personajes, revelará su fortaleza o debilidad. En muchos textos literarios las referencias espacio-temporales implican o enfatizan ideas que con sus reiteraciones se convierten en expresiones simbólicas o establecen un estado anímico que se va desplazando por toda la obra, como es de configuración en *El mal del tiempo*.

Es por el estudio de la existencia de este referente socio-histórico en el marco de la historia de la novela que Mijaíl M. Bajtin[28] viene a plantear el concepto de cronotopo, unidad espacio-tiempo indisoluble y de carácter formal, como herramienta que genera soluciones a las cuestiones de la espacialidad y la temporalidad, y sus posibles significaciones en la narrativa. En *El mal del tiempo*, el mundo de ficción y el mundo de la realidad están íntimamente ligados y en continua interacción, permitiendo una correspondencia entre texto-mundo con un fragmento de la realidad histórica de la República Dominicana que, aunque iniciada la ficción en la década de los 70, abarca referencias históricas de otros períodos:

- Período del Dr. Joaquín Balaguer (el cancerbero, el auriga) en la década del 70
- La invasión de Maimón y Estero Hondo de 1959
- Desembarco de Alberto Caamaño Deñó con nueve hombres en Playa Caracoles, 1973
- Los crímenes de Gregorio García Castro y Sagrario Ercira Díaz Santiago
- La ocupación del país por USA en abril de 1965
- Los crímenes de Amaury Germán Aristy, Leal Prandy, Cerón y otros
- Los crímenes y elecciones de 1974.

---

[28] Morris, Palm. *The Bakhtin Reader: Selected Writings of Bakhtin, Medvedev, Voloshinov.* London, Great Britain: Eduard Arnold, 2003

Antonio García Berrio y Teresa Hernández Fernández[29]10, nos subrayan que «la literatura es un excelente espacio de conocimiento sobre el hombre, por eso hablamos del valor antropológico de la experiencia humana», y desarrollan su visión apoyándose en una «descripción de Bajtin que ilustra muy claramente la condición recognoscitiva de la experiencia literaria» (18-19), donde el gran pensador Mijail M. Bajtin plantea la integración del contenido literario u objeto de la experiencia como sostenido en los componentes referenciales (donde se manifiesta el conjunto de ideas históricas, filosóficas, etc.), éticos y estéticos. «Pero lo que del contenido en general identificamos como propiamente artístico en las obras literarias es que el conjunto de noticias e ideas son representadas y enunciadas por personajes, ficcionales o históricos, que constituyen el componente ético del contenido literario». (18-19).

Cuando el «Auriga» asume la presidencia de la República Dominicana el primero de julio de 1966, después de la muerte de «Chapita» (entiéndase Rafael Leónidas Trujillo Molina), acusando a los agitadores de la ciudad de dar muestra de analfabetismo moral y analfabetismo político, se inaugura en el país la Era Infernal de angustia e incertidumbre que vendrá a caracterizar el contexto espacio-tiempo de *El mal del tiempo*, permitiéndonos la definición o descripción de toda la carga de angustia y desolación del hombre y la mujer dominicanos a través de las exploraciones y vivencias, estados anímicos y frustraciones de Javier.

---

[29] García Berrio, Antonio y Hernández Fernández, Teresa. *Crítica Literaria*. Madrid, España: Ediciones Cátedra, 2004, pp18-19.

El símbolo y la intertextualidad como elementos de coherencia y unidad estructural

La estructura de *El mal del tiempo* está sostenida de forma funcional en la aliteración simbólica de valor semántico, la fragmentación continua o discontinua de unidades narrativas, la contaminación saludable de intertextualidades de varias citas y de la yuxtaposición de géneros que siempre giran en torno a un tono que les da coherencia y unidad. El aspecto simbólico lo notamos en la repetición que funciona como aliteración de valores semánticos como el auriga, el cancerbero, etc., que se desplazan por todo el texto. Por fragmentación continua y discontinua de unidades narrativas entendemos segmentos de relatos de eventos que comparten, en el primer caso, personajes, espacio y tiempo, en tanto que, para el segundo caso, segmentos de eventos de relatos que no comparten uno de estos tres elementos. Se yuxtaponen cartas, poemas, relatos, etc.

En las intertextualidades, de suma importancia para la estructura narrativa del texto, los epígrafes funcionan como partes integrales de la estructura de la novela y, cuando no, dictan las pautas que generan la estética en esta creación. De este modo, la novela es abierta con una cita de Antonio Tabucchi tomada de la *Piazza d'Italia*, que da nombre a la novela y que es retomada en el penúltimo cuaderno (el libro está organizado en 13 cuadernos) como marco que encierra a todo el discurso narrativo. Así, este epígrafe es asumido como estética funcional de la construcción a la hora de escribir el texto.

La teoría del epígrafe de Julio Cortázar, la que realmente inicia el texto novelado en el cuaderno uno, es con toda propiedad verificable en la estructura y desplazamientos temáticos de *El mal del tiempo*. El cuaderno dos, enmarcado con un epígrafe de Carlos Fuentes tomado de *Zona sagrada*, que plantea de un modo dialógico, presentado en un diálogo de dos personajes, la funcionalidad y la estética del juego en el texto narrativo, una clave que viene a definir todo el trayecto del proceso creativo del autor para *El mal del tiempo*. La funcionalidad dentro del discurso narrativo del epígrafe de Wei Hui, tomado de *Shangai baby*, que abre el cuaderno cuatro reside en que define y describe al personaje central, el ex seminarista y novel escritor Javier: «Siempre violo los compromisos, rompo las promesas y miento. Además, veo el amor y la realidad con demasiado sentido poético», que a su vez viene explicado por el epígrafe de Lawrence Durrell, tomado de *Balthazar*, que abre el cuaderno diez y que de algún modo justifica todo el proceder de nuestro personaje Javier: «¿Dónde puede refugiarse un hombre que piensa de verdad, en este mundo presuntamente real, si no se defiende de la estupidez mediante el ejercicio constante del equívoco? ¿Eh? Sobre todo un poeta».

El lenguaje y su mirada lúdica en *El mal del tiempo*

El mal del tiempo nos relata la historia de Javier, el ego experimental de un novel escritor que asiste a la Universidad Autónoma de Santo Domingo luego de abandonar el seminario y que vive inmerso en la sublimidad de su hábitat, entre la lectura, la escritura y el cine. Sumergido en la farsa de los clubes, las chicas y las cervezas. Entre los recuerdos, las remembranzas y la melancolía. Sumergido en un estanque cuyo perímetro encierra la memoria de su existencia absurda, porque lo cierto es que no es más que un ser agobiado por la soledad y la impotencia.

El texto está escrito con fibras sueltas de oraciones simples, algunas veces sintagmáticas (oraciones unimembres y sintagmas) y unas pocas oraciones subordinaciones, que le dan un ritmo rápido. También acentúa el ritmo rápido la estructura fragmentada en cuadernos de todo el texto con la yuxtaposición de poemas y cartas y el perfecto uso como elemento generador y sostén de la visión estética de los epígrafes o citas. Es un trabajo que pone de manifiesto la participación de una visión estética y, conjuntamente, una mirada lúdica.

Sí, lúdica. Porque si es verdad que consideramos el proceso creativo constituido por un elemento irracional que participa de un instante sin control, por otro lado, consideramos que debe existir un componente racional, lúdico, que certifique la constante del valor estético asumido. Y es que sabemos, siempre de acuerdo a nuestra visión, por supuesto, que las exploraciones temáticas en las obras literarias, no son más que experiencias vividas, asumidas o leídas, que de ningún modo llegan a ser arte si no son realizadas a través de las técnicas manipuladas coherentemente por el escritor.

En *El mal del tiempo*, aunque la estética que sostiene el texto se fundamenta en el juego, existe un elemento lúdico en su estructura y cuidado que inevitablemente remite a una sentencia vertebral de toda visión e inquietud por la escritura artística: «no se es escritor porque se tenga algo que decir, sino porque se tiene un cómo decirlo», que nos legó sutilmente Jean Paul Sartre.[30]

---

[30] Sartre, Jean Paul. *¿Qué es la literatura?* Buenos Aires: Editorial Losada, 1990.

Dimensionando a Dios, de Manuel Salvador Gautier

La fidelidad a la realidad histórica es algo secundario
en relación al valor de la novela.
El novelista no es ni un historiador ni un profeta:
Es un explorador de la existencia.
MILAN KUNDERA.

Juan Pablo Duarte como ego experimental: exploración ficcional de la existencia

La novela *Dimensionando a Dios*[31], de Manuel Salvador Gautier, es un texto ficcional que explora un fragmento biográfico en la vida de Juan Pablo Duarte (hoy padre de la patria dominicana), como «ser-en-el-mundo», concepto filosófico planteado por Heidegger en *Ser y Tiempo*,[32] para definir al sujeto, es decir al hombre o mujer, en su estrecha relación de dependencia adherido a la coordenada tridimensional espacio-tiempo-evento, que en definitiva, vendrá a caracterizar en el joven Juan Pablo, su problemática existencial verificable en el perímetro de cualquier determinada circunstancia que su relación con el mundo exija.

Novela que examina el tema del conflicto interior que deviene en lucha substancialmente dramática en el sujeto interior del joven Juan Pablo Duarte, una vez con su entorno, otra vez con su yo, por asumir en su espíritu dos compromisos que a través del tiempo vendrían a definir su carácter y su inolvidable esencia como ser histórico: la responsabilidad de liberar a su patria de la ocupación haitiana, por un lado, y el establecer la dimensión

---

[31] Gautier, Manuel Salvador. *Dimensionando a Dios*. Santo Domingo: Santuario Editorial, 2010.

[32] Heidegger, Martin. *Ser y tiempo*. Madrid: Editorial Trotta, 1997.

exacta, el valor preciso de la Iglesia y su visión religiosa, por el otro.

Pero entendemos, con Milan Kundera, que debemos tener la clara visión de aceptar que existen novelas cuyo ejercicio es la exploración de «da dimensión histórica de la existencia humana», por un lado, en tanto que la razón de ser o naturaleza de otras, es que:

> Ilustra una situación histórica, que describe una sociedad en un momento dado, una historiografía novelada. (...) La historiografía escribe la historia de la sociedad, no la del hombre. (...) No sólo la circunstancia histórica debe crear una situación existencial nueva, sino que la Historia debe en sí misma ser comprendida y analizada como situación existencial.[33] (47-48)

Trabajos narrativos, en su estructura de novela, que responden con visiones claras a estas conceptualizaciones, los podemos encontrar, aunque no radicalmente definidas en su total magnitud, en el primero de los casos, en la vida ficcionada de Simón Bolívar de *El general en su laberinto*,[34] de Gabriel García Márquez; el segundo, en *La fiesta del chivo*[35], de Mario Vargas Llosa. La segunda, que tomando como pretexto la historia de Urania Cabral, no hace más que presentarnos un fragmento radiográfico de una época sangrienta en la historia de la sociedad dominicana, es decir, una novela historiográfica; la primera, que hace una exploración de grandes temas que siempre han preocupado a la humanidad, a través de la existencia del libertador Simón Bolívar, responsable desde 1824 de la desesperanza del imperio Español de reconquistar las grandes colonias de América y

---

[33] Kundera, Milan. *Op. Cit.*
[34] García Márquez, Gabriel. *El general en su laberinto*. Madrid: Mondadori, 1989.
[35] Vargas Llosa, Mario. *La fiesta del chivo*. Madrid: Santillana Ediciones, 2002.

la dolorosa vergüenza de su derrota en la batalla de Ayacucho.

Cuando el joven Juan Pablo Duarte, embriagado por el aroma religioso de la personalidad del padre Gutiérrez y su decisión de entrega al oficio por lograr la dimensión de Dios, sale hacia España en 1829, camino a iniciar sus estudios de sacerdocio en el Seminario Conciliar de Barcelona, hacía tan solo un año que Francisco de Goya, el inmenso pintor de *Los Caprichos* (donde puso de manifiesto sus críticas mordientes y directas a la Iglesia); Francisco de Goya, insistimos, el pintor de *El fusilamiento del 3 de mayo* (que muestra la estupidez, crueldad, represión e inhumanidad del invasor Napoleón contra el pueblo de Madrid, en 1808), Francisco de Goya, reiteramos, había muerto en el exilio (1828), víctima de La Década Ominosa (1823-1833), los diez años de ocupación por Napoleón, producto del absolutismo del siniestro monarca Fernando VII, restituido allí por Napoleón en 1814, y el asedio de la Iglesia Católica.

Era casi el final del reinado de Fernando VII, caracterizado por la «brutalidad y la mediocridad del poder (…) el fracaso de la renovación intentada en 1812».[36] Persecución, tortura y tormentos a los liberales de Cataluña; «la inquisición llegó a ser restablecida, se crearon juntas de Fe que ejercieron la función inquisitorial y represiva».[37] El fusilamiento de El Empecinado, el guerrillero más popular, y Mariana Pinedo, ésta por haber bordado una bandera. En fin, el fusilamiento de todo quien moviera un dedo a favor de las ideas de los liberales de Cataluña, o que entendiera, a juicio del tribunal de la inquisición para su condena, como decían D´Alembert

[36] Vilar, Pierre. *Historia de España*. Barcelona, España: Editorial Crítica, 1990.
[37] www.historiasiglo20.org.

y Dennis Diderot, en su *Enciclopedia*, algo así como que sólo era verdadero todo aquello que la mente humana podía reconocer.

Al momento de Juan Pablo Duarte, junto a su tutor don Felipe Aguedó Calcull, en 1829, logran subir al bergantín anclado en el río Ozama, capitaneado por el Norteamericano Donald Sheridan, ya hacía varios años que los problemas de Santo Domingo, causados de algún modo por conflictos y ocupaciones de los invasores haitianos, desde Toussaint a Boyer, se habían agudizado. Imagínese usted si eran años difíciles para Santo Domingo, que se ha dicho que Toussaint fue infinitamente menos cruel que Dessalines y Cristóbal, y seguramente que Boyer, y mil veces más culto que todos ellos juntos.

En ese tiempo, a consecuencia de la ocupación haitiana del territorio de Santo Domingo por Boyer, la universidad había sido cerrada y el francés había sido establecido como idioma oficial. En definitiva, el país estaba ocupada por las tropas del presidente de Haití, Jean Pierre Boyer, en una ocupación que habría de durar veintidós años, hasta que en 1844, La trinitaria, fundada por el propio Juan Pablo Duarte, diera al traste con aquella dominación e independizara al territorio de Santo Domingo.

De manera, que al aproximarnos a *Dimensionando a Dios*, de Manuel Salvador Gautier, encontraremos que, efectivamente, toda la trama de la ficción, sustentada, como lo afirma el texto, en documentos históricos de investigaciones sobre la biografía de Juan Pablo Duarte que giran en torno a su período de estudios en Barcelona, España, entre los años 1829 y 1831, aunque situada en una coordenada histórica de un fragmento desgarrador en la historia de la sociedad dominicana, plantea sin embargo, en su ficción, una exploración por todos los intersticios del drama ético que le generaba la problemática existencial del entonces joven Duarte y sus metas fundamentalmente religiosas y políticas, por supuesto, reiteramos, situándolo en el contexto histórico por el que atravesaban tanto España como la Isla de Santo domingo, y, en cierto modo, su perímetro más próximo.

Dimensionando a Dios, creemos, es un texto narrativo ficcional que presenta ese período de Juan Pablo Duarte, y que rescata a la memoria colectiva un fragmento biográfico tan poco conocido, siempre visualizando al hombre cotidiano y humano atormentado por el drama que implicaba en él, como problemática existencial, sus decisiones y el aferrarse a sus ideas, sueños y aspiraciones de compromisos con la iglesia y su país: «Dios y Patria. No eran opuestos ni excluyentes uno del otro» (174).

El drama: lucha interior como definición del Yo

La estructura implica siempre un proceso de construcción.
El estudio de la novela en términos de estructura procede a
un nivel analítico, técnico y funcional.
JACQUES SAUVAGE

Como recurso estructural, el texto *Dimensionando a Dios*, organiza su material narrativo presentándonos la historia en sucesivos puntos de vistas que incluyen, substancialmente, una voz autoral y con autoridad sustentada en un punto de vista omnisciente de tercera persona que cede de vez en cuando su espacio a otro punto de vista de primera persona, el cual, fundamentalmente, tiene la función estructural de informarnos sobre los sentimientos, pensamientos y reflexiones del Duarte ficcional en sus ideas políticas, religiosas y su iniciativa de entregarse al sacerdocio, con el objetivo latente (como el mismo título lo sugiere), de dedicarse a establecer en su tierra las dimensiones exactas de Dios y su Iglesia, en el contexto espacio-tiempo narrativo, saqueada materialmente por la ocupación del territorio por los haitianos. Y en yuxtaposición, una tercera voz narrativa que corresponde al tutor responsable del cuidado de Juan Pablo Duarte en todo ese período, Felipe Aguedó y Calcull. A través de esta última voz narrativa podemos enterarnos de las informaciones concernientes a la época española y la participación de piratas y corsarios, de las acciones clandestinas de los liberales de Cataluña, de las artimañas del comercio y la corrupción existente en los sectores de poder, tanto militares como políticos o religiosos, de la época.

En su nivel estructural, cuando la importancia del texto narrativo como sistema organizado de información lo requiere, la información nos es dada en largas escenas presentadas objetivamente, como el instante de su decisión de entrega al sacerdocio cuando el deseo expreso de su padre y hermano era que estudiara y se preparara para dirigir los negocios de la familia.

Es sumamente importante destacar, desde el punto de vista estructural, los violentos cambios en la presentación de los puntos de vistas narrativos y la fragmentación sorpresiva del tiempo de la narración, así como las penetraciones a los pensamientos del personaje ficcional central, Juan Pablo Duarte, que en cierto modo reflejan muy acertadamente, el caos emocional del drama existencial del joven con su yo interior o lo que comúnmente entendemos como *conciencia*.

> Pienso en Vicente. *¿Qué haces, hermanito? ¿Qué haces?*
> Y esta vez le respondo. Ideo una secta secreta y una consigna para nuestra causa, hermano: Dios, Patria y Libertad (189).

Valor de la ficción como rescate de la memoria colectiva

La novela: (…) de hecho, se transforma en un documento
de época, de manera tal que muchas veces provee de más
información a los historiadores que otras fuentes informativas.
MILAGROS MATA GIL.

De hecho, hemos señalado lo poco conocido de este fragmento biográfico en la vida del Padre de la Patria Dominicana, Juan Pablo Duarte. Por tanto, en esta osadía de Manuel Salvador Gautier que se llama *Dimensionando a Dios*, con sus aciertos o desaciertos desde el punto de vista formal de la narrativa, en su atrevida empresa de ficcionar el tema que en definitiva vino a dar con el traste con de la independencia de Santo Domingo, lo que podríamos llamar el drama ético en Juan Pablo Duarte de asumir la responsabilidad de la liberación del territorio dominicano y la empresa de *dimensionar* a la iglesia y su visión religiosa, ya de hecho, existe un inmenso valor como rescate de nuestra memoria histórica colectiva como dominicanos.

Porque como lo afirma José Javier Franco Ortiz:

> La memoria se presenta entonces, no ya como un espacio-archivo que contiene los datos, referencias o hechos del pasado, sino como un dispositivo de agenciamiento que interrelaciona los hechos y los tiempos de los que se ocupa, como proceso que pone en práctica «una política» acerca del pasado (2).[38]

Es este el modo como termina definiéndose el conflicto interior del yo ficcionado, Juan Pablo Duarte, en el instante presentado como memoria colectiva, en

---

[38] Franco Ortiz, José Javier. Figuras de la memoria. Caracas: Monte Ávila Editores Latinoamérica, 200.

que asume definitivamente la responsabilidad de su dimensión, comprometiéndose a crear una secta secreta y
una consigna para la causa de la liberación de su patria,
Santo Domingo, motivado ciertamente por sus interacciones vivenciales con los liberales de Cataluña y sus
sectas secretas; por la identificación, dentro del marco
de su memoria histórica, con las ideas del fraile domini-
co fray Antón de Montesinos, en su sermón de advien-
to de 1511:

> La dimensión verdadera de Dios es la libertad y el
> pecado más oscuro es el sometimiento del hombre por el
> hombre.

Metamorfosis de la realidad y lo fantástico como solución estructural: *El último deseo* de Mélida García

La creatividad es un anhelo de inmortalidad,
un desarrollo del yo vital, una rebelión contra la muerte.
ALBERTO RÁBAGO

Lo antropológico como propuesta literaria

De los trece cuentos que forman el libro *El último deseo,*[39] de Mélida García, doce satisfacen la solución de su estructura narrativa en el recurso de lo fantástico sin recurrir a las soluciones que, en estos casos, preocupados por la problemática de verosimilitud, acostumbra a plantear la tradición.

Y para quienes respeten la semiótica, o el espacioso y oscuro dominio de los signos, el número trece les remitirá a una semántica cargada de misterio o mito del infortunio: la Muerte es la treceava figura en los ritos de brujas. Esto, de algún modo, es abordado y queda manifiesto en la trama que sostiene la historia narrada en "Propuesta inaceptable" (33), donde el ego experimental del yo enamorado, ante la desesperación, invoca al Príncipe de las Tinieblas.

Por otro lado, también doce de los cuentos son narraciones ético-ficcionales, es decir, «representaciones por medio de personajes de una realidad meramente posible, no verdadera sino verosímil» (43), que estructuran sus historias en torno al amor como núcleo temático y objeto de la experiencia, constituyéndose en valores antropológicos como experiencia literaria.

---

[39]García, Mélida. *El último deseo.* Santo Domingo: Editora Manatí, 2005.

Sería interesante acotar que, aunque Mélida García explora, en "El Último deseo", las diferentes técnicas de los puntos de vistas narrativos para presentarnos sus historias, con excepción de "Mi condena" (65), cuento que rompe el nivel simétrico de la relación Fantasía-Amor (como solución estructural el primer elemento y factor temático el segundo), sus historias están presentadas a través de la Primera Persona como punto de vista narrativo.

A lo largo de todo el texto se desplaza un juego ficcional y expresivo que va desde los niveles de núcleos temáticos y objeto de la experiencia, hasta el uso de los recursos técnicos propios del campo de la narrativa.

Metamorfosis de la realidad o juego literario

Entendemos, con Antonio García Berrio y Teresa Hernández Fernández, que:

> La actividad artística de la Literatura es uno de los testimonios o campos de experiencia más profundos, complejos y refinados sobre la naturaleza y el comportamiento individual y colectivo del ser humano. Puesto que no sólo refiere aspectos del comportamiento y la experiencia de los hombres (*y las mujeres, agregamos nosotros*) a través de unos seres de ficción en algún sentido ejemplares, sino que al mismo tiempo ilustra sobre modos de la actividad imaginativa, sentimental y expresiva de una especie particularmente sensible de personalidades que son los escritores (20)[40].

De esto es de lo que trata la Literatura en su nivel de transfiguración de la realidad, porque, de algún modo, la Literatura representa las motivaciones y peripecias del individuo. Y es ésta la materia que sustenta *El último*

---

[40] García Berrio, Antonio y Hernández Fernández, Teresa. *Crítica Literaria.* Madrid: Ediciones Cátedra, 2004.

deseo, de Mélida García, en su juego amoroso o experiencia literaria:

> Y quería participar de su juego; pues así llegué a considerar nuestra relación: en un fascinante, perturbador y peligroso juego; en un amor platónico que nunca acabaría (Mi condena) (…) Hasta los mensajes que dejaba en mi beeper formaban parte de ese juego.
>
> Sólo yo sabía que unos números determinados significaban su nombre y que con esos mensajes numéricos quería decirme: "Estoy en mi casa. Llámame".
>
> Entonces la llamaba, y en esas conversaciones me alejaba del frío mundo de las transacciones comerciales para adentrarme en el de ella, en ese cuento que había escrito o que había comenzado a escribir (…) (65)

La fantasía como juego o solución estructural

La impresión de veracidad es uno de los elementos que fundamenta la literatura realista y que plantea cierto desafío a la hora de estructurar una narración sustentada en elementos o planos fantásticos.

Con Adolfina Cossío Esturo[41] nos identificamos en que el vector de verosimilitud en la narrativa fantástica ha sido manipulado, fundamentalmente por los escritores, a través de uno de cuatro niveles: la fantasía justificada mediante la descripción de viajes a tierras lejanas; justificada por lo sobrenatural o la magia; justificada en el plano onírico; o justificada por el inconsciente y toda su fenomenología.

En *El último deseo*, repetimos, doce narraciones participan de lo Fantástico:

---

[41] Cossío Esturo, Adolfina. *Uso de las técnicas de la novela contemporánea en la narrativa de Benito Pérez Galdós*. Oriente: Editorial Oriente, 1981.

Cuando le abrió una vena comprendió la razón de su insistente negativa: en vez de sangre, él tenía escarcha. (59)

Tras guardar la caja, abrió los sobres donde estaban las cartas y, estupefacto, se dio cuenta de que sólo contenían cenizas. (45)

Todas las cuartillas estaban en blanco. Sólo la última tenía manuscritas estas palabras: "No puedo vivir sin leerla y he gastado las letras de estas páginas de tanto pasar mis ojos sobre ellas. (23)

Dos lágrimas, más gruesas que todas las anteriores, se deslizaron y convertidas en piedras, cayeron sobre la tapa del ataúd con tal fuerza que la rajaron y se abrió mostrando visible a la mujer de cuerpo entero. (77)

Sin embargo, el elemento fantástico en los cuentos de *El último deseo* es sólo un recurso técnico estructural. Si observamos, las historias son combinaciones de lo real y lo fantástico, sostenido lo primero casi a todo lo largo de los cuentos; y lo segundo, (con excepción de "Mi condena") un juego ficcional que le permite a Mélida García dar solución a su narrativa, reforzada en lo fantástico, pero sin intentar justificarla como tradicionalmente se practica.

La condición amorosa o juego ficcional

La condición amorosa como objeto de la experiencia, con excepción de "¡Eureka!", funda la coherencia temática y finaliza *El último deseo*, desplazándose completamente por el texto en un juego que incluye seudónimos, acciones, sentimientos y pensamientos secretos, cartas secretas, literaturas y claves o códigos personales: todo girando en torno a un ego experimental sostenido en *lo innombrable*:

Que le pedías que destruyera todo cuanto le escribiste, pero en lo más profundo de tu ser, me confiaste, querías que él no eliminara esos escritos, porque, en realidad, deseabas que leyera y releyera lo que escribiste a él o por él. (23)

Los sobres anteriores contenían extensas cartas en las cuales algunas palabras se sentían impregnadas de acíbar; otras, en cambio, tenían sabor a miel. (47)

Él (**el innombrable**) debería saber que **hay secretos que matan.** (55)

El desplazamiento de esta condición amorosa como núcleo temático por los diferentes discursos narrativos, concluirá definitivamente en el texto y con el texto en "Revelación", con un plano ficcional que recurre a lo fantástico (como hemos sostenido antes) dando solución estructural a la historia:

Cuando introducían el ataúd dentro de la tumba, dos lágrimas, más gruesas que todas las anteriores, se deslizaron y, convertidas en piedras, cayeron sobre la tapa del ataúd con tal fuerza que la rajaron y se abrió mostrando visible a la mujer de cuerpo entero. (77)

El juego formal como valor estético

No se es escritor por haber decidido
decir ciertas cosas, sino por haber
decidido decirlas de cierta manera.
JEAN PAUL SARTRE

Los recursos expresivos permiten a los escritores manipular el discurso narrativo desarrollando un proceso que pone de manifiesto su intención estética. Hay escritores que buscan esa cierta manera para decir sus historias experimentando tanto en el aspecto temático como estructural.

En *El último deseo*, Mélida García explora algunos de los niveles técnicos más peligrosos de la narrativa: experimentar con la intervención directa del autor y su punto de vista; la segunda persona narrativa; dialogar directamente con el lector; ejercitar como ego experimental a la propia obra.

Además, utiliza el recurso de la aliteración sintáctica y temática que mantiene la unidad del texto; certeros análisis de pensamientos, sentimientos y actitudes de los personajes:

> Me dijiste que le dijiste "no más, no más". Cuando tomaste esa decisión, no sabías que con ella quedaría resuelta una de tus mayores preocupaciones. (.23)

> Ocurrió en un pueblo. ¿Cómo se llama el pueblo? Esa pregunta, curiosos lectores, quedará sin respuesta. No tiene por qué importarles ese dato. Lo único importante es lo que pasó. (39)

Es importante enfatizar, primero, que a lo largo de todas las historias de *El último deseo*, no aparece la descripción completamente física de ningún personaje, y que dichos egos experimentales quedan definidos sólo psicológicamente por sus acciones, el análisis y presentación de sus sentimientos y el análisis y presentación de sus pensamientos; segundo, el llamado a la atención de dos de los cuentos, uno por su nivel experimental, y que es el único cuyo núcleo temático no lo constituye el amor: "¡Eureka!"; y el otro, por su nivel de estructura fantástica y unidad narrativa: "Mi condena".

En definitiva, el ego experimental femenino que mayormente sustenta el yo narrativo en *El último deseo*, transfigura directamente de la realidad y representa una lucha angustiosa, rayando en la peligrosidad casi enfermiza, por la búsqueda del último recurso que le permita asir al amor vital. Es la manifestación, plasmada en la mayoría de los diferentes discursos narrativos y su *último deseo del proceso de creación,* verificable en el texto que marca el fin de una problemática existencial y el comienzo de la permanencia maravillosa que, como única alternativa, el arte nos ofrece ante la muerte.

La obra proyecta diferentes modos de confrontarse a sí misma y con su espacio, producto de una relación amorosa transfigurada en juego literario, explorando a la vez variadas opciones filosóficas, teológicas, éticas y emocionales en la fragua central de un alma sensible y amorosa que aprehende un yo frente a *lo innombrable,* porque para decirlo con Milán Kundera, «aprehender un yo es aprehender la esencia de su problemática existencial, aprehender su código existencial (40)»[42]

---

[42] Kundera, Milan. *Op. Cit.*

Apéndice

A

El punto de vista narrativo como expresión de la condición de la mujer: Narrar en femenino

El secreto de la escritura, como el de la buena cocina, no tiene absolutamente nada que ver con el sexo, sino con la sabiduría con que se combinan los ingredientes.
ROSARIO FERRÉ

En torno a las categorías

Creemos saludable explorar algunos conceptos que básicamente fundamentan nuestra aproximación al punto de vista narrativo como expresión de la condición de la mujer, por lo que recordamos con Peter Barry que el «movimiento de la mujer»[43] de la década de 1960 fue ciertamente la renovación de una vieja tradición de pensar y actuar ya situada en libros clásicos, los cuales diagnosticaron el problema de la desigualdad de la mujer en la sociedad y que, en algunos casos, propusieron soluciones dirigidas al campo de los derechos políticos, económicos y sociales.

Estos textos fundacionales de la visión feminista incluyen *Una vindicación de los derechos de las mujeres* (1792), de), de Virginia Mary Wollstonecraft, el cual estudia a escritores masculinos como Milton, Pope y Rousseau. También los libros *Mujeres y trabajo* (1911), de Olive Schneider. *Una habitación propia* (1929Woolf, donde se retrata vívidamente el trato desigual dado a la mujer que busca educarse y cuya discusión sobre la participación femenina en la literatura y el mundo académico influye en la escuela anglo-americana, en tanto que su crítica de la dependencia económica de la mujer fomenta el movimiento feminista en general. *El Segundo sexo* (1949), de Simone

---

[43] Barry, Peter. *Beginning Theory*. New York: Manchester University Press, 2002.

de Beauvoir, que tiene una importante sección sobre tratado de la mujer en las novelas de D. H. Lawrence. En las aportaciones a esta tradición de escritura feminista debe incluirse a *The subjection of woman* (1869), de John Stuart y *El origen de la familia, la propiedad privada y el estado* (1884), de Friedrich Engels. Esto sin olvidar que la crítica literaria feminista es el producto directo del "movimiento de la mujer" de la década de 1960 y que este movimiento fue literario desde el comienzo, en el sentido de que precisó el estudio del significado de las imágenes de mujeres promulgada por la literatura, observando esto como vital para combatirlas y cuestionar su autoridad y su coherencia.

Todo el andamiaje que viene a componer el cuerpo teórico de la crítica feminista hoy es complejo y diverso. Sin embargo, queremos enfatizar las visiones de Helene Cixous (*La risa de la medusa*), quien apoyándose en la Deconstrucción de Derrida, reclama una escritura femenina que cuestione el discurso binario masculino y describa el mundo de otro modo; Julie Kristeva (*Revolución en el lenguaje poético*), estudiosa de la lingüística, quien llama la atención sobre el empleo sexista del lenguaje como estrategia política masculina para oprimir a las mujeres y plantea una nueva escritura que combata este pensamiento machista; Luce Irigaray (*El espejo de la mujer*), quien sostiene que la mujer siempre ha sido definida por el hombre y propone un lenguaje ambiguo y poético. Estas tres feministas tienen un punto común en sus visiones: que se debe crear un lenguaje diferente para representar a la mujer.

Insistimos en la presencia de toda una diversidad de miradas feministas producto de las posibilidades existenciales de la feminidad poniendo su esfuerzo en cinco aspectos principales: biología, experiencia, discurso, el inconsciente y las condiciones económicas y sociales.[44]

Queremos subrayar la precisión de un conjunto de distinciones entre las categorías «feminista», «mujer o hembra» y «femenina». Como explica Toril Moi (122),[45] lo primero es «una posición política», lo segundo «una cuestión de biología», y lo tercero, «un conjunto de características culturalmente definidas». Particularmente en la distinción entre lo segundo (mujer-hembra) y lo tercero (femenina), descansa mucho de la fuerza del feminismo.

Narrar en Femenino

La teoría literaria feminista busca representaciones de la experiencia femenina en la literatura, las cuales pueden manifestarse fundamentalmente en los personajes, las exploraciones temáticas y el punto de vista narrativo. Es bueno subrayar que la escuela anglo-americana de la teoría literaria feminista se centra en las representaciones de mujeres en la literatura, la tradición literaria femenina y las mujeres como lectoras, en tanto que la francesa pone gran énfasis en la exploración de «lo femenino» a través de nuevos estilos de escritura.

En definitiva, escribir en femenino, sobre todo en su representación literaria, tiene ciertas complejidades que no tan solo provienen de algunos valores adheridos a la política y el poder, sino complejidades que se agudizan con las ideas que giran en torno al valor estético y temático de la propuesta. Esto, porque si es bien comprendido que el «valor estético y las temáticas propuestas no son algo universal, ni eterno, sino el producto de condiciones

[44]Selden, Raman. *La teoría literaria contemporánea*. Barcelona: Editorial Ariel, 2000.
[45] Barry, Peter. *Beginning Theory*. New York: Manchester University Press, 2002.

históricas y sociales que se refieren a la experiencia personal»[46], es comprendido por igual que la calidad literaria no se mide según el sexo del escritor o escritora, sino que, como bien afirma Rosario Ferré, el secreto de la escritura, como el de la buena cocina, no tiene absolutamente nada que ver con el sexo, sino con la sabiduría con la que se combinan los ingredientes.

Nos identificamos ampliamente con la visión de Antonella Marchiselli en su interesante ensayo "Un análisis comparativo: los personajes femeninos de *La última niebla* y *La amortajada* de María Luisa Bombal y *Susana San Juan*, de Juan Rulfo", donde establece que la crítica literaria feminista llamada «Imágenes de la mujer», en los años setenta, «estudia la representación de la mujer en la novela, y establece dos puntos fundamentales: por un lado, el personaje femenino debe ser ligado a la realidad y basado en la experiencia cotidiana»; por otro lado, la novela debe ofrecer «papeles ejemplares», inculcar un sentido positivo de la identidad femenina retratando mujeres, citando a Toril Moi, «liberadas e independientes de los hombres». Donde la voz de las mujeres en la escritura sea la que dice lo que no se puede decir, lo que ha sido ocultado y prohibido durante mucho tiempo por el falocentrismo. Una narrativa fundamentada en la vida y la diversidad de experiencias sociales, que refleje su condición humana y que defienda la identidad femenina latente en su escritura.

---

[46] Marchiselli, Antonella. "Un análisis comparativo: los personajes femeninos de *La última niebla* y *La amortajada* de María Luisa Bombal y *Susana San Juan*, de Juan Rulfo". *Revista Espéculo* No.39

La condición de la mujer a través del punto de vista narrativo

Hace un instante fue visualizado que las representaciones o imágenes de la mujer y su experiencia femenina en la literatura se manifiestan en la narrativa a través de los personajes, las exploraciones temáticas y el punto de vista narrativo.

Partiendo desde el discurso, el punto de vista narrativo asocia técnicamente al narrador con el espacio, el tiempo y el nivel de realidad. En una narrativa ficcional tanto el narrador como el espacio y el tiempo son creaciones o ficciones hechas de palabras. «Como el narrador, como el espacio, el tiempo en que transcurren las novelas es también una ficción»[47]. Pero también son ficciones los personajes y las exploraciones temáticas. Como también es cierto que dentro del discurso narrativo pueden aparecer otros «puntos de vista», los cuales merecen suma atención a la hora de explorar niveles ideológicos. Me refiero a lo que podemos llamar Punto de vista del narrador, Punto de vista de los personajes y Punto de vista del autor.

Son precisamente estos «puntos de vistas» los que vienen a cargar al texto narrativo con las visiones afectadas por las ideas sociales, culturales, filosóficas, políticas, etc.; en fin, donde vienen filtradas opiniones, comentarios, interpretaciones, juicios y valores que de una u otra manera pueden contaminar las «imágenes de la mujer».

Y es que «el punto de vista narrativo», como elemento técnico que participa de la estructura narrativa, es una ventana abierta por donde pueden verse desfilar, en

---

[47] Vargas Llosa, Mario. *Cartas a un joven novelista*. Madrid, España: Santillana Ediciones, 2012.

el mundo de la ficción, todas las circunstancias, eventos, pensamientos, actitudes, sentimientos, enfoques de personajes y análisis de todos ellos; todo el andamiaje de desplazamientos físicos y psicológicos de sus personajes, códigos y contexto socio-cultural y político. Porque no puede perderse de vista que es éste uno de los recursos técnicos estructurales del discurso narrativo más eficientes a que recurre el escritor de ficción para hacer creíble y verosímil su historia, de lo que depende su poder de persuasión.

Veamos, por ejemplo, algunos fragmentos narrativos donde aparecen imágenes de mujeres fundadas en la vida y la diversidad de experiencias sociales y que reflejan su condición humana, por supuesto, desde un punto de vista narrativo:

Después de pasar por la iglesia Santa Elizabeth, sin persignarse, Luzmaría miró en una esquina antes de su edificio a los jóvenes del bloque, bien abrigados, que charlaban y competían dando pasitos del trópico caliente, alrededor de un BMW blanco con las puertas abiertas y la música a todo volumen, echando carcajadas y jugueteando, las manos en los bolsillos y la mirada activa, a la espera de otra noche de buena suerte.

—¡Adiós, buenota! ¡Criminal de guerra! —Dijo uno de ellos, casi pegándole el rostro a la mejilla—. ¡Abre las piernas y te compro un palacio! —concluyó, poniendo rostro de príncipe.

Y siguiendo el ritmo musical de la salsa, dio dos pasitos hacia la izquierda y dos pasitos hacia la derecha y tres brinquitos con el culo hacia atrás, acurrucado, una mano en el lado izquierdo del rostro y la otra en el corazón, como un mono, sonriendo alegremente. Llevaba arete en una oreja y vestía pantalones caído colgando a la altura del pichirrí (así, pichirrí, como si fuera un pollo) y un abrigo de piel de la marca Evisu, *made in Japan*.

Los demás jóvenes brincaron alborotados y festejaron y aplaudieron y estallaron en carcajadas que a Luzmaría le entraron por un oído y le salieron por el otro convertidas en rabias. Pero no hizo nada ni dijo nada ni pensó en nada.

Sólo vio las enormes ratas hurgando y correteando entre las fundas negras de basura y desperdicios, amontonadas frente al edificio de su amiga Lina, donde vivía con su niña desde hacía meses, durmiendo en la sala.[48]

Veamos ahora otro fragmento narrativo, donde el punto de vista narrativo viene desde un personaje femenino:

...*porque a veces tengo que amanecer cuando trabajo, pero lo hago pocos días y es mucho más divertido. Y además hago más dinero. Las cosas cambiaron, hermana. Déjame contarte. ¡Si vieras qué pariguayos son los hombres que van allí! Es un restaurante en Yonkers, cerca del hipódromo. Llego en autobús luego de tomar el tren Uno o Nueve. Es cosa decente, Elena: simplemente, nosotras llegamos hermosas y perfumadas y coqueteamos. (¡Y ya tú sabes cómo tu hermana Sorángel se pone, que eso es bomba!)* ...

Nos sacan a bailar bachata, merengue o salsa, y nos brindan cervezas o tragos. Y dime tú, ¿quiénes bailan esas vainas mejor que nosotras?

Por cada disco que bailamos, los hombres nos pagan dos dólares y el restaurante uno extra por cada trago, que a los pariguayos les sale a siete. La movida es que nosotras botamos las cervezas o los tragos a escondidas de los borrachos y ellos nos compran otros...

...y seguimos bailando. Y los apretamos contra el conejo. Tú sabes lo que te estoy diciendo, ¿no?: los quemamos y les susurramos palabras tibias al oído, mientras con los dedos calientes del trópico, les tocamos lo prohibido y les rozamos detrás de las orejas con el suave toque de la nostalgia y el fuego de nuestros ancestros, para que se vuelvan locos y olviden su santo nombre y nos juren amor, aunque sea en vano, no importa, pero que suelten los mohosos dólares. Y los sueltan, Elena. ¡Si vieras cómo los sueltan![49].

---

[48] Lantigua, Eduardo. *Un pez atrapado en el desierto*. Kingwood, TX: MediaIsla, 2016. pp.39-40
[49] Idem, p.17

De este modo, desmontando el discurso narrativo en unidades de planos continuos o discontinuos y observando su punto de vista, podemos hurgar las representaciones de imágenes de mujeres con sus ideas sociales, culturales, filosóficas, políticas, etc. que participan de su condición existencial, es decir, su representación de la experiencia femenina cotidiana dentro de un marco social-cultural y político.

Representación o imágenes de la mujer en la narrativa

Una representación de la mujer a través de sus imágenes en la narrativa, la cual puede mostrarse con eficiencia a través del *Punto de vista narrativo*, debería estar sostenida en los siguientes vectores:

1.- Representación de la experiencia femenina cotidiana, en una narrativa fundada en la vida y la diversidad de experiencias sociales, que refleje su condición humana y que defienda su identidad.

2.- Exploración de lo femenino (el embarazo, el parto, la menstruación, etc.).

3.- El personaje femenino ligado a la realidad sociocultural y política.

4.- Representar a las mujeres en papeles ejemplares.

5.- Inculcar un sentido positivo de la identidad femenina.

6.- Representar a mujeres «liberadas e independientes de los hombres».

7.- La voz de la mujer «diciendo lo que no se puede decir», lo que ha sido ocultado y prohibido durante mucho tiempo por el falocentrismo.

Y es, repetimos, que en el mundo de la ficción, el punto de vista narrativo es una ventana abierta a través de la cual pueden mirarse, los eventos, sus relaciones de causas y efectos, los pensamientos, sentimientos y actitudes de los personajes, sus acciones físicas y psicológicas, códigos y contextos, en fin, todas las posibilidades de identidad en las condiciones reales de «imágenes de las mujeres».

B

Presuposiciones
sobre las teorías del cuento

No se es escritor por haber decidido decir ciertas cosas,
sino por haber decidido decirlas de cierta manera.
JEAN-PAUL SARTRE

Discursos narrativos

A través de los años, en su manifestación escritural, el cuento ha generado variadas matrices con inagotables posibilidades y soluciones teóricas y estéticas. Pero si observamos con sumo cuidado, *estas matrices obedecen a procedimientos creativos o sistemas narrativos que definen puntos de vistas muy personales.* Si hacemos una aproximación a las teorías más festejadas sobre el cuento podríamos identificar dos vectores:

1°. Que las teorías aceptadas como valores de verdad y que son defendidas como matrices a imitar, han sido desarrolladas por escritores de cuentos: Edgar Allan Poe, Horacio Quiroga, Chejov, Ernest Hemingway, Enrique Anderson Imbert, Juan Bosch, Julio Cortázar, Ricardo Piglia, Joyce Carol Oates, Isaac Asimov, Phillys Bentley, Raymond Carver, John Gardner, etc.

2°. Que las teorías sobre el cuento desarrolladas por críticos y ensayistas (quienes no han sido escritores que se desplacen a través del género), están sustentadas en los textos narrativos de escritores que sí ejercen la práctica escritural del cuento; o dicho de una forma precisa, se fundamentan en un desmontaje de las estructuras narrativas o procedimientos creativos de esos escritores: Wayne C. Booth, Gabriela Mora, Mieke Ball, Silvia Adela Kohan, Teresa Imízcoz, Daniel Cassany, Seymour Menton, Mario A. Lancelotti, Sharon Sorenson, Charles E. May, etc. Y esto es razonable ya que difícilmente podría hablarse de una teoría del cuento antes de la praxis del género.

Sin embargo, el seguimiento a estos dos vectores podría llevarnos a visualizar que, al estar sostenido todo el desplazamiento histórico de las diferentes teorías del cuento en la praxis de la escritura de tal o cual escritor, aproximadamente en todos los vértices, *dichas teorías no son más que un agudo reflejo de los procedimientos o sistemas creativos de estos escritores, que a su vez generan matrices que fácilmente podrían llegar a condenarnos.*

Y es que del mismo modo en que existen escritores que podrían encasillarse considerando parámetros comunes, con procedimientos que coinciden en un vértice; que existen teorías sobre el cuento que tienden a coincidir en puntos tangentes que las aglutinan; de ese mismo modo, existen matrices sueltas que se pierden injustamente sin consideración ni festejo.

Porque cuando un narrador decide presentar un cuerpo teórico sobre el cuento no está más que identificándonos los vértices en que se apoya teóricamente para elaborar su discurso narrativo; es decir, nos está desmantelando su sistema narrativo o procedimiento creativo frente a la página en blanco a la hora de escribir un cuento. Del mismo modo, cuando este cuerpo teórico lo elaboran los críticos o ensayistas, lo hacen sobre un desmontaje de las estructuras del procedimiento narrativo o creativo de algún o algunos escritores a los cuales festejan.

Como los escritores no tienen todos el mismo procedimiento creativo o sistema narrativo (si no, véase a Quiroga frente a Kafka, a Borges frente a Rulfo, a Kundera frente a Bosch, a René del Risco o Joyce Carol Oates frente a García Márquez, a Hemingway o Carver frente a Gardner, es lógico que surjan teorías que a veces tienen pocos puntos de tangencia; o alguna matriz que resulta suelta y que no encaja en la tabla de verdad que felizmente se festeja. Y entonces se escucha el murmullo y el rechazo o improbablemente el asombro. De seguro que habría alteraciones en las teorías sobre el cuento que hoy conocemos si Kafka o Rulfo hubieran sido menos tímidos y René del Risco no hubiera muerto absurdamente en un adelanto triste del azar.

Por supuesto que, al instante de elaborar estas divagaciones, apoyado en ese mismo argumento, había pensado en algunas constantes o parámetros fundamentales para una tabla de verdad o matriz o sistema válido al momento de elaborar mis historias y sus discursos narrativos:

a. La Historia verificable en fragmentos de memorias o cadena de eventos transfigurados, divagaciones filosóficas o desplazamientos absurdos, enlazados por un orden de causa-efecto; o una relación de eventos encadenados lógicamente, en torno a un punto de interés creativo o estético que se desplaza por todo el texto como matriz dominante, o como justificación de una emotividad sugestiva: Porque si es cierto que el poeta ve imágenes y el ensayista ideas, es fundamentalmente cierto que el creador de ficciones ve historias sostenidas y enlazadas con estas imágenes e ideas.

b. Coherencia narrativa reflejada en una composición consciente y cuidada de los elementos que estructuran la historia y el discurso, y que satisfacen la tesis o el principio creativo estético del creador de ficciones.

c. Ritmo emotivo, la combinación de los factores estructurales ajustados a la atmósfera, tono o estado anímico de la historia, con los recursos narrativos integrados estéticamente en una matriz fiscalizada.

d. La Matriz estética visible en el uso del lenguaje y los recursos expresivos que el texto exija frente a la historia, recurriendo estéticamente a los valores expresivos y simbólicos de la palabra en la estructura del discurso narrativo.

e. Punto de vista del autor, el narrador o el personaje o todos mezclados; punto de vista del espacio y del tiempo. Caracteres que experimentan o sufren la acción física o psicológica. Final cerrado, abierto o ideológico.

f. La Trama, entendida como la construcción que podría unir eventos o hechos en apariencia inconexos a través de algún mecanismo lógico de la estructura narrativa del discurso; o el modo en que se estructuran los distintos elementos que conformen lógicamente la historia, el conflicto, etc.

Pero ¡qué va!, estas son solo divagaciones o presuposiciones sobre las teorías del cuento. Porque, como pudo haber dicho Picasso, si el arte no propone una continuidad que permita eclosionar nuevas estructuras no pasará de ser una forma de esnobismo intelectual. O para decirlo con John Gardner:

> Cuando uno comienza a ser persuadido de que ciertas cosas jamás deben ser hechas en narrativa y ciertas otras deben siempre hacerse, uno ha entrado a la primera etapa de la artritis estética, la enfermedad que termina en rígida pedantería y la atrofia de la intuición. Cada verdadero trabajo de arte —y así, cualquier tentativa de arte— debe ser juzgado primariamente, aunque no exclusivamente, por sus propias leyes. Y si éste no tiene leyes, o sus leyes son incoherentes, falla en esas bases.[50]

¡Claro que el mundo maravilloso del cuento y sus teorías sirven para algo más que el rescate de la memoria cultural del género y el deleite estético, el respeto a la

---

[50] Gardner, John. *The art of fiction. Notes on craft for young writers.* New York: Vintage Books, 1985.

tradición, la herencia cultural del futuro, la preservación de la identidad a la hora de crear narraciones o ensayos críticos! Nos dan los trazos o elementos para aproximarnos al papel en blanco o a la estructura del texto narrativo, porque sería injusto llegar desarmado a la emboscada. Más, una vez frente a la inquietud creativa o al papel en blanco, a la propuesta del discurso narrativo a decodificar, será la historia y su estructura interna; será el desplazamiento tanto vertical como horizontal de su punto de interés, el uso del lenguaje y su matriz estética, la organización de los diferentes elementos que estructuren el texto narrativo, es decir, su gama de exploración sobre la condición humana y su configuración estética, lo que habrá de tomarse en cuenta para una confirmación o no de sus valores de verdad como propuesta o matriz de arte.

Porque debemos recordar que las matrices estéticas festejadas, aunque con cierta lentitud, son diacrónicas. Y dentro de la tentativa de arte, es decir, cualquier expresión artística, es en su matriz interior como unidad, como sistema o procedimiento creativo, donde reside la única verdad que dicta su sentencia.

Bibliografía

Bosch, Juan. "Características del Cuento". *El mirador literario*, La Habana, 1944.

Bosch, Juan. *Apuntes sobre el arte de escribir cuentos*. Santo Domingo: Editora Alfa y Omega, 1985.

Bosch, Juan. Curso "Técnica del cuento". Caracas, 1958.

Chatman, Seymour. *Story and Discourse*. New York: Cornell Paperback, 1980.

Cohn, Dorrit. *Transparent Minds*. New Jersey: Princeton University Press, 1978.

Contreras, Hilma. *Entre dos silencios*. Santo Domingo: Editora de Colores, 2002.

Cossío Esturo, Adolfina. *Uso de las técnicas de la novela contemporánea en la narrativa de Benito Pérez Galdós*. Oriente: Editorial Oriente, 1981.

Fortunato, René. *La violencia del poder*. Santo Domingo: Videocine Palau, 2003.

Franco Ortiz, José Javier. Figuras de la memoria. Caracas: Monte Ávila Editores Latinoamérica, 2007.

Frye, Northrop, *Anatomía de la crítica*. Caracas: Monte Ávila Latinoamericana, 1991.

García Berrio, Antonio y Hernández Fernández, Teresa. *Crítica Literaria*. Madrid: Ediciones Cátedra, 2004.

García Márquez, Gabriel. *El general en su laberinto*. Madrid: Mondadori, 1989.

García, Mélida. *El último deseo.* Santo Domingo: Editora Manatí, 2005.

Gautier, Manuel Salvador. *Dimensionando a Dios.* Santo Domingo: Santuario Editorial, 2010.

Genette, Gerard. *Narrative Discourse an Essay in Method.* New York: Cornell University Press, 1980

Giardinelli, Mempo. *Así se escribe un cuento.* México: Editorial Patria, 1999.

Heidegger, Martin. *Ser y tiempo.* Madrid: Editorial Trotta, 1997.

Kundera, Milan. *El arte de la novela.* Barcelona: Tusquets Editores, 1987.

Moffett, James y R. McElheny, Kenneth. *Points of view, an anthology of short stories.* New York: Penguin Books, 1966.

Morris, Palm. *The Bakhtin Reader: Selected Writings of Bakhtin, Medvedev, Voloshinov.* London: Eduard Arnold, 2003

Pichardo Niño, Coronada. *Juan Bosch y la Canonización de la Narrativa Dominicana.* Santo Domingo: Funglode, 2008.

Prats Sariol, José. *Nuevos Críticos Cubanos.* La Habana: Editorial Letras Cubanas, 1983.

Risco Bermúdez del, René. *Cuentos completos.* Santo Domingo: Ediciones Cielonaranja, 2005.

Rodríguez Soriano, René. *El mal del tiempo.* Santo Domingo: Editorial Gente, primera edición, 2008.

Sánchez Féliz, Rubén. El décimo día. New York: Ediciones Alcance, 2005.

Sartre, Jean Paul. *¿Qué es la literatura?* Buenos Aires: Editorial Losada, 1990.

Sauvage, Jacques. *Introducción al estudio de la novela.* Barcelona: Laia, 1982.

Todorov, Tzvetan. *Crítica de la crítica.* Barcelona: Ediciones Paidós Ibérica, 2005.

V. de Vallejo, Catharina. *Teoría cuentística del siglo XX*. Miami: Ediciones Universal, 1989.

Vargas Llosa, Mario. *Cartas a un joven novelista*. Madrid: Santillana Ediciones Generales, 2012.

Vargas Llosa, Mario. *La fiesta del chivo*. Madrid: Santillana Ediciones, 2002.

Vilar, Pierre. *Historia de España*. Barcelona: Editorial Crítica, 1990.

www.historiasiglo20.org.

Esta edición de *Moliendo café*, de **Eduardo Lantigua** está disponible desde los primeros días de octubre 2016. Edición y cuidado de mediaisla editores, ltd kingwood, tx mediaisla@gmail.com